REM KOOLHAAS-OMA AMO

GIUSEPPE TERRAGNI

MASSIMILIANO FUKSAS

COOP HIMMELB(L)AU

LE CORBUSIER

● 伊塔洛·罗塔

○ 雷姆·库哈斯——大都会建筑事务所

○ 朱塞佩·特拉尼

○ 马西米里阿诺·福克萨斯

○ 蓝天组建筑事务所

○ 勒·柯布西耶

○ 丹尼尔·里伯斯金

○ 隈研吾

○ 扎哈·哈迪德

伊塔洛·罗塔

# TALO ROTA

经典与新锐——建筑大师专著系列

# 伊塔洛·罗塔


【意】基娅拉·萨维诺 编著

杜军梅 译

王 兵 校


中国建筑工业出版社

# 目 录

马术俱乐部的枝形吊灯，迪拜，2009年

皇宫酒店的大堂，罗马，2009-2010年

作品掠影

葬礼礼拜堂，西维特拉·贝纳佐内，佩鲁贾，1999年

哈奴曼印度教寺庙的外景，杜尔维，2004-2009年

圣玛格丽塔·玛丽亚·阿拉科克教堂，罗马，2000-2005年

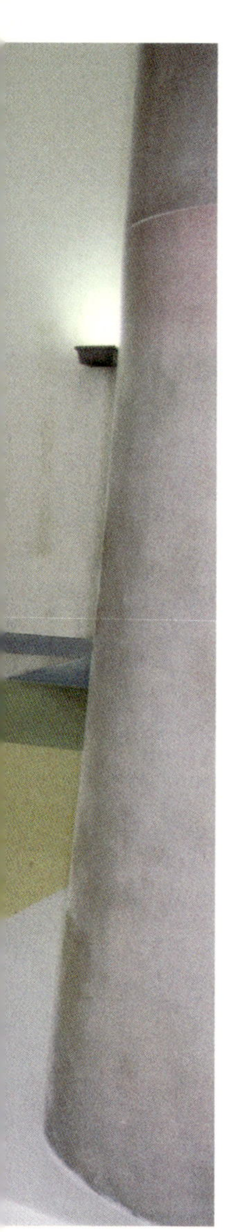

作品掠影

海滨意大利广场，巴勒莫，2005年

SI?
我对未来饶有兴趣，这是我将要度过余生的地方。
市长帕斯夸莱・多托利、Sea-gruppo Repower公司总裁法比奥・博基奥拉和建筑师伊塔洛・罗塔邀请市民参加在Ciuico Garibaldi剧院举行的卢西贝拉市风力发电场和新方案的介绍会。2011年4月8日，时间：18:30，地点：palazzo mozzagrugno corso gabribaldi 74。

# 引言

对页：向卢塞拉市民介绍风电公园的宣传海报，2011年

# 伊塔洛·罗塔：设计——将自然、城市和历史带入未来

伊塔洛·罗塔，1953年出生于米兰，是一个具有“智慧和不羁”态度的“人物”；也是一位讲故事很出色的人，尤其当他表达事物时喜欢引经据典地使用很多文化上的概念链。[1]

甚至在外表上，他也非常与众不同。他有时会蓄起长而蓬松的胡须，让人回想起19世纪末期资产阶级社会的抗争，这种抗争就是通过艺术家的衣衫不整和蓄长发来表达。这位未来主义的米兰艺术家参与社会、改变现实的意愿，正是通过他自己的身体来传递根植于文化传统的信息。罗塔是一位建筑师、设计师、哲学家、心理学家、人类学家、大自然爱好者、发明家和魔术师。

（参见乔·科伦坡的链接，www.studioitalorota.it / pagesprojects / Italo_Rota_Joe_Colombo.html，由伊塔洛·罗塔工作室提供）。

## 自然与可持续发展，迈向绿色经济

“是的，未来让我非常感兴趣，我将在那里度过余生。”[2]

近年来，罗塔越来越集中于采用绿色经济设计解决方案，这些解决方案不仅包括建筑方面，还包括技术、经济和国民教育，旨在通过研究有效的可再生系统和发展可持续增长模式，减少能源和自然资源的消耗。

卡瓦利别墅的被动式建筑（2006-2008，佛罗伦萨）标志着这条道路的开始。该建筑坐落于古老的城市肌理中，表现了与周围自然创造共生关系的愿望。建筑物的体量沉入砂岩丘陵，但在墙壁和岩石之间留出了一些缝隙，可隔绝潮湿的入侵。唯一向外部敞开的部分完全由玻璃雕花的玻璃幕墙覆盖，并具有滤光功能。室内材料基本上是两种：钢和桦木。“这座房子是基于这样的假设而诞生的：只有当建筑本身是自然的一部分时，建筑才会升华。因此，建筑不是简单地与自然发生联系，不会与自然伪装在一起，相反，你还可以从佛罗伦萨的山丘远处看到它……它代表一个缓慢地向自然转变的过程的开始，几年后，这种转变正在产生一种突变的迹象，这种转变是建立在一种非常简单的哲学基础上的，根据这种哲学，人的所作所为都是从自然开始，而不再违背自然。”[3]

随后，罗塔为萨拉戈萨世博会（2008年）设计的水之城展馆项目表现了建立一个自给自足的生态系统和展览平台的机会，以激发人们对水在城市中的重要性的认识，并期待可持续的城市发展。在罗塔的实践中，建设教育性城市的意图与寻求可持续性相关的实验模型相互交织。联想到尼罗河及其肥沃土地的特性，从最遥远的时代开始，水一直是城市居住区的重要“构成”因素，有利于其发展。

另一方面，当代城市常常危及甚至篡改这种重要的自然和文化遗产。展览被认为是一个生产性城市的认知之旅，可以通过居住在那里的人们的新习惯和新活动来开发利用水资源。但是水之城本身就是一个整体，是建筑的典范，这种实践和意向可以应用于城市范围。

该结构是完全被动的。它的生命周期是根据节省和再生的能量而设计的。白色的螺旋形状类似

1 （意）马里奥·卢帕诺. 伊塔洛·罗塔—建筑剧院[M]. 米兰：费德里科·莫塔出版社，1997：10.

2 参见伊塔洛·罗塔，卢塞拉项目报告，2011年4月7日。

3 （意）伊塔洛·罗塔. 为朋友设计的房子[J]. 住，2008（486）：110.

起泡沫的波浪，可俯瞰埃布罗河，并位于人造乔木树叶的阴影中。一系列装置缓解了严酷的气候，这些装置喷射水雾并随后在集水池中冷凝，然后引入新的自然—人工循环。广场上还设有花园——这些植物找到了在都市环境中生活和繁衍所必需的能量和营养。一切看起来都像是一个巨大的室内/室外空间，一个拥有花香的阳台/广场。

在这里所使用的技术非常复杂，但非常基础。该设置完全由计算机设计。它的使用完全是关于"表面"的：图形和插图程序生成图像，但是展馆完全着色，并使用了带有图案的面板，图形文身般地在其上顺畅地流动，游客则像"畅游"在一本长书的页面中，而这页面是由板、陶瓷马赛克和镜子制成。

展览设施结构、照明设施与再现的图像完全吻合，从而无须调置设备。这是通过改变和扩展城市的自然而重新诠释的生态系统。罗塔实现了无需传统系统即可实现的热平衡。通过精心设计，特别是针对阳光辐射的设计，采用具有能量回收功能的通风控制系统实现了这一性能。在其他情况下，还可以通过外壳、屋顶和玻璃表面上使用的高性能的隔热设施。这是罗塔为米兰马齐亚奇尼地区的重建，于2006-2009年而设计的建筑。它由三个体块相互作用并与周围空间相互影响的建筑组成了城市版图，并采用了不同的形式主题和颜色处理的二维涂层拼贴处理方式。尤其是面向内部公园的办公大楼，体量逐渐沉入地下，覆盖着一层倾斜白色水泥网的釉面皮肤。这种玻璃外壳结合了红色水泥和玻璃制成的另一种结构，创造了最佳的通风系统，并且成为内部花园，为工人提供了一个休闲区。



卡瓦利别墅外观

水之城展厅的室内与外观

天然材料的精心使用，始终与高科技系统相结合，使阿贡拉剧院项目与众不同。该剧院位于米兰三年展设计博物馆（2007）中，是一个独立的空间，被视为聚会和文化讨论的场所。传统与科技再次融合在一起：室内装饰几乎完全采用了黎巴嫩的雪松木，而外立面则展现出铝板材的镜面效果，既定义了一种未来感，同时又有了传承历史的感觉。由于雪松散发出浓郁的香气，从而与访客建立了情感以及嗅觉上的联系。

方形房间的中央有一个由52个监视器组成的视频系统，可以看到每个座位，沿其周边有两个带有木制台阶的房间。木材还铺满了墙面，树干的纵纹和横纹相互交替；这些树木经过自然干燥等严格的处理。这些树的"年轮"在墙的温暖橙色背景中脱颖而出，似乎活出了自己的生命。"它们十分确定地让人想起瑞士精神分析学家赫尔曼·罗夏（1884-1922）著名的用于性格调查的反应测试的墨渍图。"[1]

这是罗塔对人与自然、对涉及个人和社会生活不同层面的共存新实践的总体反思，反映出近年来通过一些具体项目而成熟，引出了对"高能之人"概念的解释。

"高能之人"是罗塔在2012年米兰三年展和国际家具展上为国际电力运营商Repower设计装置的主题。与其他情况一样，展览再次成为与公众见面的机会，也成为讨论设计项目，尤其是哲学思辨的实验场；这对于定义随后的实践和程序的意义非凡。展览展示了能源供应的场所和技术系统，创新的可持续交通项目以及为社区提供的服务，并特别关注了人与环境之间的联系。它还旨在为游客提供清洁的能源，并向他们解释如何通过生产能源与土地和谐相处。混合了教学和游戏，寓教于乐地通过小比例的、闪闪发光和色彩斑斓的模型讲述故事，吸引了眼球，激发了好奇心并触发了思维。

在"高能之人"中，充满活力的伟大设计在支撑着建筑的墙壁间伴随着这些模型流动，这种组合犹如用图像表达的故事，更像一块电影分镜图，这种技巧灵感源自电影院、卡通、广告和图形科学。并且，这些模型是真正的超真实雕塑的分段。以朋友和合作者的身份，人们在真实维度与理想

1 （意）马特奥·韦尔切罗尼. 伊塔洛·罗塔——当态度变成形式［J］. 因特尼，2009，12（12）：22-23.

接壤的空间中移动、生活、行走，因此对平衡的需求使我们必须从“智慧之人”转变为“高能之人”，并意识到我们的转变对未来的责任。

展出的项目是绿色经济的案例，例如贝内文托市，那里有丰富的绿色植物和淡水，被罗塔定义为“我们的内海”，这是代表完美起点的原始资源。实际上，对坎波拉塔罗电厂的干预主要集中在水的收集上，这是意大利南部近几年来风力发电场强劲发展的一部分。风能是不可预期与计划的，必须与其他能源整合作用。

返回到水作为能源过程中的首要元素这一主题，在此案例中，水成为四水公园地区的环境和旅游业发展改善的主角。

为了组织和运行该项目，罗塔采用了一种称为“蝴蝶效应”的方法，这是爱德华·洛伦兹在1963年提出的一种理论，这一理论基于蝴蝶翅膀的颤动以及如何通过一系列相关反应引发几公里外的飓风。这个地区的一系列小型能源措施可以形成总体上的巨大转变。公园项目鼓励一种我们已经在萨拉戈萨展馆中实施并分析过的家庭空间中水与能源的组织与管理的新的个体模式。干预措施涉及面很广，涉及桑尼奥地区的14个城市，通过为居民和访客建立认知路径，能够在该地区分布的特定结构中创造特别深化的时刻，这些地点被认为是放置在节点部位的客栈，通过提供身心休息的地方和食物，来使旅行者的精神焕然一新。

这些建筑物恢复了古老的建造系统，例如气球框架，并用了麻、植物覆盖、树干等天然材料，变成了能量和食物自产的生活的新模式，并鼓励旅游和住宿。生活在一个自给自足、完整无缺的地区，并按照古老的习俗，享用当地美食。回归到原初，古老的建筑方法也反映在与日常物品世界相关的手工艺实践的复兴中。其结果是与阿托里奥·托诺合作的称为“Compost”的陶土垃圾桶，是对该地区原生和当代陶瓷的反思的结果，由坎波拉塔罗地区的实验室自行生产。一项关于两轮或四轮零排放电动车的研究——它的展示也可能提供有关这一地区未来的必要信息——结束了四水公园项

阿贡拉剧院，米兰三年展，2007年

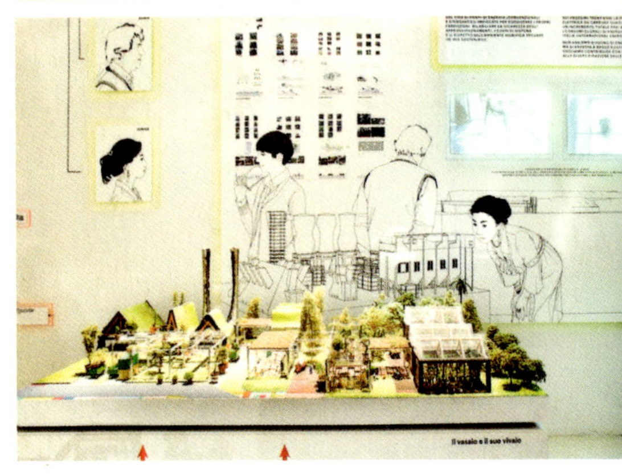

目，这一项目成为区域和环境质量提升的典范，罗塔将其应用于许多有关能源生产工厂建设的其他干预措施中。卢塞拉的风力发电场、热那亚的热力太阳能发电厂、皮斯托亚的联合循环电厂和雷焦卡拉布里亚的萨琳·约尼切的最新一代燃煤电厂，这些项目都是激活城市中心、利用废弃的自然和现有建筑物，以及改造近代的旧工业的案例。在这些超越建筑而涵盖生活的作品中，罗塔似乎开发了一种定义明确的项目方法。

在分析研究的第一阶段中，对该地区自然的“剩余”[1]，对其社会和文化传统，以及对潜在的经济资源，罗塔确定了具有战略意义的地点，地震中央、重要的既存区域，并从这些区域开始创建新的城市场景。

这项调查产生了在全球项目中组织的文档、图纸和信息，以追踪时间轴下准确位置、准确动作展开的过程。

一种设备，让你把自己的行动从学习的第一阶段开始，然后重新连接到整体。通过生成新的生态系统——“重新激活的新领土的生态系统”——研究了旨在振兴无论是自然界、古迹、城市资源的路线，都是为了公民有意识地重新复兴地方发展。

卢塞拉城堡相邻的住宅区是一个例子，它变成了一个由居民自己装饰的花园城市。这项行动为集体行为，每个人都参与了该区域的更新。“这种逻辑不属于传统的城市主义世界，而是一种设想自然的新形式，这种新形式从对城市的作用的反思开始，使它成为一个欢迎城市的主题，为城市提供了帮助，你会看到它”（伊塔洛·罗塔，卢塞拉的项目报告，2011年4月7日）。该项目与市政当局和市民共享，意识到已经涉及他们的过程/项目。在这转变过程中的重要元素是技术和自然元素。[2]

与吉尔斯·克莱门特一样，罗塔将城市绿化确定为可利用的资源，可用于城市创新。从人开始的更新，追求对环境和文化传统的尊重，使用清洁能源，采用技术并促进生态实践，一个新人也许会引发未来的生活形式、新习惯，继而，是新城市。并且，在最近几十年中他恢复了对全球化现象中的建筑进程的沉迷。

1 “剩余来自先前被开发的土地的放弃”出自：吉勒·克莱门特．第三景观宣言［M］．马切拉塔：果得里白特出版社，2005：7．

2 “现有的结构，如果与技术和创新相协调，将会激活该区域。”出自：罗塔的《卢塞拉项目报告》2011年4月7日。

上、下图：“高能之人”展览概念和装置．米兰三年展，2012年

## 教育与城市：新的生活形式

“我们应该爱城市吗？ 那些以下个世纪的高度看待我们的人都会十分惊讶于我们在这个基本问题面前的犹豫。实际上，将引起注意的是，我们在这方面与19世纪得出的结论相距甚远……正如活跃城市的概念，不断被新措施重新定义提升——这个想法由来已久，从阿尔伯蒂到拉布鲁斯特，再到帕拉第奥和佩雷特共同的文艺复兴思想——突然间，一座建在城内替代原来城市或者建在城外的城市，未能为它的命运留有空间：作为传统集聚的替代方案。越来越无力管理我们城市的扩张，却仍然欢迎重建城市中心。”[1]

这场以现代化城市为主题的辩论在评论家和建筑师间展开，变得越来越同源而相互等同，成为一个名副其实的发展和城市化现象，引发了对建筑状况的反思，有时会进行一些舒适的选择，将自己简化为全球秩序的镜像，以追求奇异的表现而对其背景无动于衷。[2]罗塔加入了这些思考并有极大的推进，他们于1992年通过在南特市中心城市提升之际出现的文章和项目，实现了与巴黎IFA的布鲁诺·福尔蒂耶的合作的研究，三年后，同样在米兰三年展上与福尔蒂策划一场名为“爱城市”的展览——大都市建筑百年。

坐落在法国卢瓦尔河上的港口城市南特，其城市中心出现的问题，是由异质元素组成的城市建筑的普遍问题，这些异质元素受到距离和密度的影响，呈现出肌理同建筑物之间的连续性和不连续性；封闭一个过于开放的空间会产生分离效应。这也带来了如何解决公共空间的问题。这里的城市空白成为罗塔和福尔蒂提议的起点，这些空白不是被新建筑填充，而是被重新考虑，并采用绿色修复的手段。该项目反映了“流动和犹豫，古老的水流轨迹”，但同时也表现了“基于南特历史上有机

1 （意）布鲁诺·福尔蒂，伊塔洛·罗塔．我们必须热爱城市[J]. Casabella，1992（590）：62.

2 （意）维托里奥·格里高蒂．建筑与后都市[M]．都灵：艾纳乌蒂出版社，2011.

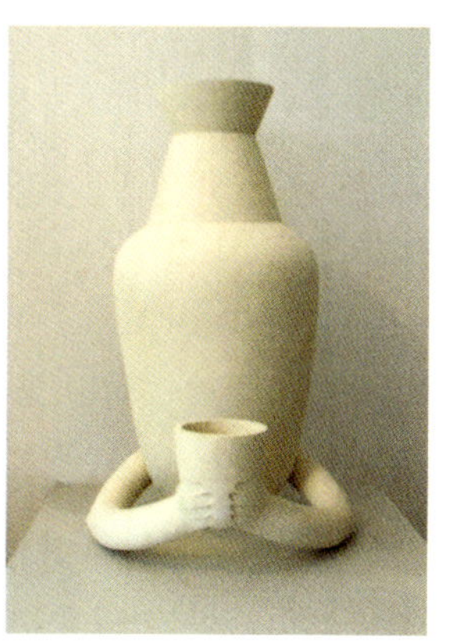

左图：四木公园项目能源屋模型．贝内文托，2011年
中、右图：陶土堆肥器

本页图：南特城市系统

组成部分的植物传统，这是南特过去不可分割的一部分，由于它的商业精神和良好的气候条件，可以将自己确立为首批进口木兰等香精的欧洲中心之一。"[1]南特成为卢瓦尔河上的一座绿色城市，其路线的转换点是费德乌岛，通过取消交通信号灯和之前普遍使用的环形交叉路口，以及设计灵感来自海洋形态的城市小品而重新增添了活力。作为散落着设施和小型建筑的城市休闲广场，围绕着与人行道融为一体的现代基础设施分布的主题花园，全部设计到细节，具有"整体景观敏感性"[2]。

这次展览是进一步思考城市这一主题的机会。在2006年米兰三年展的空间中，罗塔与富尔维奥·伊雷斯共同策划了题为"Good N.E.W.S. 建筑主题与路径"的展览。正如标题所暗示的那样，"N.E.W.S."是四个基本要点的首字母缩写，展览旨在重提了讨论主题和确切地针对建筑的基本要点，使参观者产生很多思考。从人的观察点，以人类学切入，思考身体与空间的关系，与自然、科学、城市的关系。罗塔设置了一种可以二维运行的展览设备，能进行超过一千张的双平台阅读，然后将随目录、作品、文档和古籍一同出现。通过渲染技术对作品进行重建和重绘，详细阐述了对过去的新视野，并提供了与当前想法的联系。影像故事在游客的眼前展现，并随着时间进程，展示了建筑的历史和实践、如何建造房屋、第一个抵御气候的庇护所及其原始建筑要素、选择最有利的地点，直至古罗马人的定居技术。然后是城市，从古老到现代的城市形态，并带有许多有问题的分支线索。该档案馆的角色是新媒体，致力于在结合过去的基础上建立现代档案馆，采用了从Google Earth到Photoshop在设计中开放的新领域和技术。

1　同P27脚注1，布鲁诺·福尔蒂，伊塔洛·罗塔，第63页

2　同P24脚注1，马特奥·韦尔切罗，第24页。

"Good N. E. W. S. 建筑主题与路径"展览与装置，米兰三年展，2006年

从左至右：建筑师作品展厅，双年展，2006年；装置“曼陀罗是集合住宅”，威尼斯双年展意大利馆，2008年

“一本比媒体更具想象力的记忆图集：拒绝线性叙述的类型……致敬阿比·沃伯格令人惊讶的照片集——《记忆女神图集》，能够发挥图像的唤起能力”[1]，通过“从房间而来的建筑”转换为三维对应关系，展示每个房间中心的建构物体。关于建筑主题的其他调查包括两个展览集：安装在双年展花园区的“作者的院子”的展馆（2006）和2008年双年展意大利馆集体住宅中的曼陀罗。前者致力于建筑艺术，是花园区的入口。多媒体装置、图形和视频完全覆盖了外部和内部，这些装置说明了建筑物、院子和其他所有相关问题的现代主题。像现代监护人一样，在门槛上放置了两个镜面的钢制的力士。后者致力于集体住宅。通过模型的并置，从情景喜剧中借来的真正的中国有机玻璃盒子，这些场景容纳着微型的家居世界，视频、图像、巨大的心理曼陀罗，展现出古老的生活模式，提出了现代方案并重建了西格蒙德·弗洛伊德的精神分析的研究，从而说明了当今共同生活的复杂性。

这些艺术装置表达了罗塔的精神之旅，具有普遍的反思性，他的世界观通过插图得以具体化。这种情况在设计中也会发生。计算机的使用完全是“表面”的：与建筑设计软件相比，罗塔更喜欢Photoshop和图形程序以及插图程序[2]。这种项目转译的形式可以理解为对建筑设计的分解：对于建筑而言，也可以进行广泛而开放的交流。就像在未来主义和超现实主义作品中一样，他的笔迹很容易地从表示形式转变为书写形式，并传递出辩证、诗意、道德的信息，装饰成为象征。在众多装置、展馆和特定地点的真实作品的墙上，涌现出他对图像和叙述的热情，这也转化为对书的热爱。[3]未出版的，有时是开诚布公的组合以及时间和身体上的联合，通过心理—历史、深渊效应、混合的世界和形式、场景设计和梦幻、技术，借鉴于电子游戏和古典的手法，从而寻找惊奇的效果。罗塔从上到下，从艺术、从设计、从他的童年经历、从他经济富裕时期汲取灵感，以捕捉平庸的诗意。[4]

回到城市生活的主题，社区意识仍然是罗塔最近设计的工作室中的主角，该工作室是使雷焦艾米利亚公民身份更接近社区未来和建筑环境主题的过程中的一个阶段。在教学方面，开放对话以及与市民共享的地方的价值观，回顾了贝内文托项目的认知和认识阶段。

对这座城市的干预会涉及与历史收藏博物馆相邻的新博物馆的建设，它将提供空间并为之前从未使用的材料提供新机会。罗塔已经与米兰的二十世纪博物馆进行了此类沟通。为了更好地说明他

1 （意）拉斐尔·波莱蒂，伊塔洛·罗塔．展览装置：通过物体创造世界[M]．米兰：艾莱克塔出版社，2009：435．
阿比·莫里兹·沃伯格（1866-1929年）是德国艺术史学家和评论家。1929年，他在罗马的赫兹安娜图书馆举行了关于“记忆”的会议，展示了一个插图集记忆图集的项目，该图集由无标题的摄影师蒙太奇组成，致力于古代神像在现代欧洲文化中的迁徙和留存。

2 20世纪70年代末，罗塔是制图员并绘制透视图、建筑杂志的图形设计师。他策划了展览“绘图工具”，该展览于1979～1980年在米兰第16届三年展上展出。

3 他丰富的图书于1991年在卢加诺展出，在一个名为现代图书馆的展览中，由维托里奥·格雷戈蒂，奥尔多·科洛内蒂和吉安弗兰科·波索尼策展。

4 马里奥·卢帕诺，参见13-15页。

的项目，他参加了与市民的讨论，并在城市范围内组织了工作坊。特别是，2012年4月，在圣彼得修道院，居民被邀请携带他们储藏室中的过去60年的物品，谈论历史，并与当地的城市传说和编年史进行交织互动。结果是雷焦的诺亚方舟迅速装满了展览室，并产生了许多奇怪的故事，例如马戏团的火车出轨、熊吃了一个孩子，直到将毛绒玩具捐赠给公民博物馆为止，这将丰富未来二十世纪下半叶的展室。与未来有关的问题（我们将如何饮食？我们将如何穿衣？我们将如何参与？）开启新的思考。

2012年米兰家具展之际，罗塔为三星公司设计的“生命/安装”展览再次引起观众身心全面投入，但是却经历了一个完全的技术转折。在这个项目中，身体成为一种“媒介”，通过技术在空间四周释放出各种反应。罗塔使用平板电脑作为访客和环境之间的链接：人们通过平板电脑为他们发现自己的空间设置动作。动作分为两个层次：一个是真实、物理的建筑空间，墙壁和物体被灰色和天鹅绒般的材料覆盖。另一个是出现在技术媒介的表面上的重建后充满活力的影像，这是视频拍摄的结果，讲述了房间内典型的一天。罗塔从人们的历史、他们的经历以及由此产生的变化来解释现代和未来生活的设计，这些变化起源于自然和城市化的背景，而不是以一种尖锐的方式强加在现有建筑上的新建筑。在所有这些影像中，视觉艺术，图像和技术相结合以“塑造”新的场景，并在思想中引发未公开的联想和思想。

左图：雷焦·艾米利亚地区居民工作坊；2012年
右图：三星“生命/安装”展览，米兰，2012年

# 博物馆和历史

罗塔在博物馆领域的工作始于1980年的巴黎，作为盖·奥伦蒂（Gae Aulenti）的助手，参与了奥赛火车站改造为现代博物馆，对蓬皮杜现代艺术中心博物馆的空间进行了更新。1985年他开始独立工作，从赢得卢浮宫的合院的法国学派的新馆竞赛开始，该馆展览从路易十四时代到印象派的作品，并于1992年建成开馆。该地区位于方院最古老部分的二楼。布置在三个条形体块上，总面积约为3000平方米。连续的不同大小的房间以天顶自然采光为标志，最适合作品的展览，并在展览空间内均匀延伸。通过在双层玻璃天窗和天花板之间插入的一系列可调的凹板条，或通过大天窗，与蛋白石玻璃吸顶灯结合使用以获得人造光。同时保留了现有的窗户，以使参观者可以自由地向外观看，引导自己沿着博物馆的道路前行。

地板因房间而异，从橡木镶木地板到深色火山石，形成了折射和亮度调节的精细机制。墙壁上交替使用木镶板或浅绿色和赤陶红色等颜色，让人联想到展出作品的风格。这些元素，包括对光和涂料的研究，仍然是罗塔未来展览项目的基本特征。对于这些空间的设计而言，另一个重要的方面是对作品的历史过去的设定，该作品将对路径进行结构化和使用，从而使路径更具动感和吸引力。

时空装置技术是20世纪初期先锋运动的典型代表，是一个试验场。从瓦雷纳街45号（1989）的私人住宅，到罗马（2010）的皇宫酒店，罗塔都设计了“时代室”，一种具有不同历史时期和奇异风格的书房。1991年在纽约哥伦比亚大学的意大利中心中将不同风格和潮流的室内装饰的蒙太奇作为原型进行了详细展示，其中罗塔制作了电影拼贴画，从建筑物底部向上最大程度地显示了从古代到现代的环境。

一种表达极端形式自由并允许无止境结合的手法。

在博物馆的背景下，于2002年在米兰的PAC举办的“未来主义”展览中，罗塔展示了一种极富启发性的布置方法，为二十世纪博物馆项目（2010）做准备。让人联想起过去曾展出过同样作品的米兰伯吉斯公寓——该系列的显著核心是由开明企业家的遗赠组成

哥伦比亚大学意大利中心拼贴剖面图，纽约，1991年

的——第一个房间内部是罗塔设计的时代展览。

地板上有古老的地毯，墙壁上挂着博莱蒂美术馆的锦缎，在高木护壁板上重现了首次展出未来主义绘画的墙壁。乔瓦尼·索托科诺拉（Giovanni Sottocornola）的《工人的黎明》（1897）和贾科莫·巴拉（Giacomo Balla）的《巴黎月神公园》（约1900），展现了一种新的城市和社会场景，电灯在世界上崭露头角，延长了人们在夜晚的活动时间——既包括快乐的娱乐，也有工厂的辛勤工作。

吊在天花板上的灯是当时的历史实物——由通用电气公司用碳纤维制成。翁贝托·博西奥尼创作的《弹性》（1912）在另一间房间的可移动的墙壁上，周围覆盖着19世纪末期的资产阶级房间典型的织物，再现了绘画与原始环境之间形成的鲜明对比。对面，放在阿图罗·马蒂尼曾经从事研究的质朴的木桌上，翁贝托·博西奥尼设计的空间中瓶子的进化（1912）似乎与20世纪初当代艺术家工作室的原始片段一起在当代得以实现。对“时代室”的这种表述（主要是英国和美国博物馆的一种展陈方案）可追溯到19世纪大型博物馆的设施，在那里的作品建立在对文物时期的回忆。罗塔重建了一个现代版本，更基础但其影响并不减弱。划分展览空间的可移动的墙壁都用不同的彩色覆盖物所覆盖以契合那并不遥远的时代。

这一系统对于细分阿仁伽里奥历史建筑的巨大环境将非常有用，从而具有极大的灵活性。与白盒子般的展示模型相比，罗塔更喜欢以回忆历史时期的方式，增强作品对游客的影响，并更好地理解不同历史时期的氛围变化。

展览路线结束时，是未来二十世纪博物馆的模型。随着螺旋坡道的上升，来到一个记忆剧场。在这座剧场中，城市的景色与展出的作品不断交汇：博物馆附近是一座拼贴着不同时代建筑的城市，他通过建造了一座时代集合的城市，展现了时间的演进。

“现代米兰的建筑形象是建立在建筑原理和技术的沉淀基础上的，其叙事中的组织没有任何空白。而叙事一直是罗塔的建筑的特点。它投射出构成米兰传统另一条红线的所有技术智慧。细节的微妙，设计的绝对关怀和材料的实验品位受到‘描写’和‘暗示’的诗意化，构成了一个特定的形象，以及众所周知的吸引顾客的倾向，尤其是在展览设计的范围。”[1]在二十世纪博物馆中，展示经典的房间不会按时间顺序排列，而是按一个“峰顶线”，其构想是追随20世纪艺术个性的故事，与其城市历史联系在一起。[2]插入阿仁伽里奥玻璃外壳的坡道的胶带暗示了这个故事的流向。

1 （意）富尔维奥·伊雷斯（F. Irace），米兰博物馆的历史[J]. Casabella，2011，3（799）：94.

2 参见米兰兄弟（M.Fratelli），对于任何穿着干净鞋子的人，玛丽亚·特蕾莎·菲奥里奥（Maria Teresa Fiorio）（编），米兰的未来主义，展览目录，马佐塔，米兰，2002年，166页。

博斯克罗皇宫酒店室内，罗马，2010年

左图一、三：卢浮宫方庭室内，1992年
左图二、四：米兰未来主义展览室内，2002年

右图：米兰20世纪博物馆室外，2002-2010年

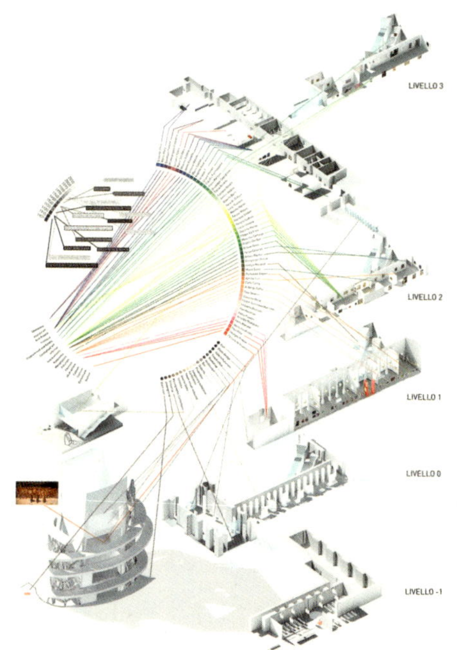

卢西奥·丰塔纳的霓虹灯是其最高成就，壮观的结构、动感的外观，共同唤起纯米兰风格的时装展示。电影院、博物馆和表演。博物馆的建筑不再是收藏水晶般物体的机构的象征，而是由游客所激活的地方，这些游客成为城市的未来以及美学和文化领域的主角和作者。 2007年，米兰三年展的设计博物馆的展览再次成为场景的对象，创造了“动作、语境、意义、交换、想象力、欲望、刺激、变态”。这些设计对象意味着理想的生活方式、生活质量的卓越标准和非常特殊的环境。[1]文脉非常重要的变化与展露的对象、可以讲述的历史环境一样重要。该装置分为两个层面，提供真实物体的风景以及伴随着意大利第二次世界大战后的第二个文化时期的电影。这些作品彼此对话而扩大了意义，构成时空的小岛，讲述工匠智慧的历史和伟大的创造天才，对未来和技术的信任，对公司的精益求精，以及将过去和未来结合在一起的情感组合。

1 （意）拉斐尔·波莱蒂，伊塔洛·罗塔. 装置展览：通过物体创造世界[M]. 米兰：艾莱克塔出版社，2009：434.

上图：米兰20世纪博物馆展览作品年表层次位置关联图示
下图：米兰三年展设计博物馆装置，2007年

# 建筑师年表

1953　伊塔洛·罗塔出生于米兰。

1972　加入佛朗哥·阿尔比尼工作室后，随即在维托里奥·格雷戈蒂的工作室工作（至1973年）。

1976　在《国际莲花》杂志任编辑（至1981年）。

1978　参加安科纳斯塔米拉广场规划竞赛。

1979　展览绘画工具，第16届米兰三年展，主题为“工具与设计”。

法国巴黎蓬皮杜中心的“摩托车的形象”展览。

1980　与盖·奥伦蒂和皮耶罗·卡斯蒂廖尼参加巴黎奥赛博物馆的室内设计项目竞赛并获奖（1981-1985年实现）。

1982　获得米兰理工大学建筑学学位。

与导演帕特里斯·切罗合作。

法国南泰尔阿曼迪斯剧院项目和装修。

1984　与导演伯纳德·索贝尔合作，设计巴黎和柏林的舞台布景。

1985　法国巴黎蓬皮杜艺术中心的“在创作中创作”展览。

法国巴黎卢浮宫方院法国学派新展室项目获奖。

1986　法国阿维尼翁教皇宫“法国人的宫殿”展览。

法国巴黎的蒙田大道的克里斯汀·迪奥四十年装潢展览。

巴黎贝尔维尔UP8巴黎高等建筑学院的设计教授（至1990年）。

1989　法国巴黎“巴黎地图集”的“虚构的大都市”展览。

法国巴黎大皇宫盖里科特作品展览。

1992　法国罗丹博物馆的绘画摄影师摄影展。

博洛尼亚的奇维克博物馆，罗西尼之旅展览。

法国巴黎卢浮宫博物馆方院展览开幕。

与盖·奥伦蒂合作蓬皮杜中心现代艺术博物馆的新法国绘画展室。

1994　赢得法国巴黎城市大奖赛。

1995　与布鲁诺·福尔蒂合作，法国南特市中心的城市设计。

米兰圣多纳托艾米利亚大街更新与一个城市公园设计。

博洛尼亚布德里奥古中心和菲洛潘蒂广场的设计和建筑小品设计。

博洛尼亚的新城市空间设计。

米兰三年展，“爱城市”展览，一个世纪的都市建筑。

世博展览，法国巴黎建筑学院“爱的城市”。

1996　比萨奇迹广场游客接待设施（设计）。

获得了美国纽约地标保护奖。

米兰IED教授（至1998年）。

1997　美国纽约哥伦比亚大学意大利之家。

米兰三年展巴巴雷之家展览。

米兰TIM商店展陈系统“安静的缪斯女神”设计。

1998　里米尼里乔内多媒体塔和运河大桥设计。

费拉拉建筑学院教授（至2000年）。

2000　里沃那罗西尼亚诺—索尔瓦伊海滨长廊和公共场所项目。

佛罗伦萨恩波利历史中心的城市系统项目。

布雷西亚LAM线路项目。

法国巴黎圣母院的照明项目。

2001　维罗纳大都会设计（设计）。

贝加莫市嫩布罗新城市系统项目。

博洛尼亚前博尔萨室内展陈（设计）。

佩鲁贾卡纳皮纳地区新的市政办公室（设计）。

费拉拉阿根塔加里波第广场系统设计项目。

2002　博洛尼亚艾米利亚安佐拉文娱媒体库项目。

美国迈阿密罗贝尔托·卡瓦利高端商业项目。

米兰当代艺术博物馆（PAC）未来主义展。

安科纳耶西新考古博物馆和新礼堂、圣佛罗里阿诺·梅斯蒂卡综合体。

第八届威尼斯建筑双年展：主要空间的建筑的孤独生活展。

2003　里米尼米萨诺·阿德里亚蒂科的行人地下通道项目，米萨诺·阿德里亚蒂科的加里波第大街的街道更新项目。

米兰托雷布兰卡加斯特·卡瓦利餐厅项目。

提契诺州卢加诺的新赌场项目。

米兰佩罗雷诺卡车中心（设计）。

佩鲁贾宝莉娜城堡博物馆项目。

2004　米兰德拉斯皮加大街加斯特·卡瓦利精品店项目。

佩鲁贾圣西斯托的桑德罗·佩纳的媒体库项目。

俄罗斯莫斯科罗贝尔托·卡瓦利精品店项目。

印度杜尔维孟买海滨住宅大厦——米塔尔之家项目（正在建设中）。

印度杜尔维ISPAT工业公司杜尔维钢铁厂住宿和服务项目（设计）。

2005 博洛尼亚地铁传输TPGV项目。

巴勒莫海滨灯塔项目。

巴勒莫市佛尔切拉·德·塞塔宫项目。

佛罗伦萨雷杰洛Liquid酒店，瓦隆布罗萨市的阿夸贝拉城堡（设计）。

米兰比可卡的德意志银行意大利分部的管理中心项目。

阿拉伯联合酋长国迪拜的加斯特·卡瓦利精品店项目。

黎巴嫩贝鲁特的加斯特·卡瓦利精品店项目。

墨西哥墨西哥城的加斯特·卡瓦利精品店项目。

中国香港和深圳加斯特·卡瓦利精品店项目。

米兰朱利孔苏蒂宫米兰商会的室内设计项目。

罗马托尔·维尔戈塔的圣玛格丽特·玛丽亚·阿拉可可教区中心项目。

2006 米兰马恰奇尼地区木偶剧院和博物馆（建设中）。

帕埃斯图姆哲学博物馆（筹建中）。

第十届威尼斯建筑双年展“城—港”展览。

第十届威尼斯建筑双年展Workscape的MAXXI建设过程展。

米兰三年展的Good N. E. W. S. 展。

荷兰阿姆斯特丹国立博物馆时尚DNA展。

都灵城堡广场第20届冬季奥运会奖牌广场。

帕多瓦的理性宫60周年“伟大的转折点”展。

米兰吉安弗兰科·费雷展陈室项目。

凭借巴勒莫市的伊塔里克灯塔项目获得公共空间意大利建筑金奖。

2007 雷焦艾米利亚的市民博物馆中的博物馆学展览（实施中）。

巴勒莫海事站重建（建设中）。

巴勒莫圣埃琳娜和科斯坦蒂诺的前演说家纪念建筑综合体、图书馆。

美国纽约、英国伦敦、土耳其伊斯坦布尔、美国圣地亚哥、维罗纳、美国拉斯韦加斯、中国上海加斯特·卡瓦利精品店。

佛罗伦萨不朽的罗贝尔托·卡瓦利。

米兰三年展中“什么是意大利设计？ 意大利设计的7种令人痴迷”展。

佛罗伦萨斯特罗兹宫举行的“反时尚”展。

米兰商会LA7设置项目（设计）。

2008 西班牙萨拉戈萨 2008 年世博会水城展。

佛罗伦萨罗贝尔托·卡瓦利别墅。

佛罗伦萨市卡尔米内广场的卡瓦利俱乐部。

第 11 届威尼斯建筑双年展，意大利馆中的装置设计“意大利寻找建筑”。

2009 米兰马特奥蒂大街的博斯克罗·易可思得拉酒店。

米兰市马齐亚奇尼地区，包含私人办公区和城市公园的商业区。

印度孟买杜尔维哈奴曼勋爵印度教寺庙（设计于 2004 年）。

米兰三年展的设计博物馆。

DimMi——米兰市商业廊的米兰市中心的信息咨询点（设计阶段）。

拉奎拉第三商业大楼（设计阶段）。

雷焦卡拉布里亚盐碱城的燃煤电厂的建筑和环境提升（设计阶段）。

阿拉伯联合酋长国迪拜卡瓦利俱乐部。

法国巴黎罗贝尔托·卡瓦利精品店。

意大利都灵，意大利建国 150 周年展览：“未来”（设计）。

2010 罗马博斯科洛宫酒店的重新装修和室内设计。

米兰阿伦加里奥宫米兰 20 世纪美术馆（2002 年设计）。

贝加莫州布伦比拉的新工业园区和办公室（设计阶段）。

阿拉伯联合酋长国迪拜比布鲁斯酒店的变色龙俱乐部。

四水公园展览的概念和布局。

贝内文托省桑尼奥当代艺术博物馆（ARCOS）。

威尼斯第 12 届建筑双年展中艾拉提展览中有两个装置：未来的反映。

参加韩国仁川三年展。

米兰新国际展览中的“城市解决方案”展（2009 年）

2011 皮斯托亚市卡纳帕雷联合循环中心（设计阶段）。

巴里博斯克罗酒店。

卡尔塔尼塞塔罗卡孜勒集中式热力太阳能发电厂（设计阶段）。

贝内文托省坎波拉塔罗的坎波拉塔罗工厂（设计阶段）。

贝内文托省四水公园（设计阶段）。

福贾卢塞拉，“风吹风”：马特奥蒂广场的城市环境提升（设计阶段）。

2012　黎巴嫩贝鲁特市卡瓦利俱乐部（设计阶段）。

捷克共和国布拉格博斯克罗酒店（规划中）。

美国迈阿密的卡瓦利俱乐部（设计阶段）。

印度德里的卡瓦利咖啡吧（设计阶段）。

米兰三年展，"高能之人"的展览概念设计。

米兰超工作室，三星展览装置"生活 / 安装"装置概念与展览。

卡塔尔多哈、科威特、黎巴嫩贝鲁特的卡瓦利咖啡吧（设计阶段）。

保加利亚索菲亚加斯特 · 卡瓦利精品店。

米兰三年展"豪华选择展览"展陈。

# 建成项目

瓦雷纳街61号和45号住宅，法国巴黎

哥伦比亚大学意大利中心，美国纽约

城市系统设计，法国南特

哈奴曼印度教寺庙，印度多尔维

卡瓦利别墅，意大利佛罗伦萨

马齐亚奇尼商业区的城市更新，意大利米兰

世博会水之城展厅，西班牙萨拉戈萨

罗贝尔托·卡瓦利精品店，法国巴黎

博斯克罗酒店，博斯克罗·易可思得拉酒店，意大利米兰；博斯克罗皇宫酒店，意大利罗马

二十世纪博物馆，意大利米兰

展览：生命/安装，意大利米兰

# 瓦雷纳街61号和45号住宅

法国巴黎，1989年

瓦雷纳街上的住宅表现出了罗塔对达达主义拼贴和超现实主义诗学的兴趣。瓦雷纳街61号住宅的塑性拼贴手法的灵感来自库尔特·史维特的环境雕塑，但充满了令人迷惑的效果：作为一种可拆卸的单元体，起源于多个视角，组成不同高度的平面同时面向内部，犹如埃舍尔的轴测图景。

建筑环境看起来像是一个宽敞的开放空间：从入口可以看到起居区、餐厅和夹层的书房。18世纪建筑的地面层和地下被改造成具有S模块内容的住宅。

通过使用预制和模块化材料，住宅的一些部分可以采用不同的方式进行重组和覆盖。厨房位于地下室，通过货运电梯将食物带到地面层：令人惊讶的效果在于设计了一种满足日常功能机制的结构。彼此不同的三十三扇门通往不同的地方。空间感知是具有独立的和神秘逻辑的盒子体量，与外界相隔离。设计参考了杜尚的蒙太奇—反蒙太奇：新的对象组合产生了出乎意料的结构特性，在多米诺大厦中，勒·柯布西耶通过透视图固定了要组合的元素，如工匠的使用手册。

45号住宅是为在家工作的人设计的。罗塔改造了18世纪的建筑，将其转变为现代和超现实主义的环境。设计中参考了达利在夏博瑞利的旺多姆街工作室中的玄幻感。环境是由意大利、西班牙、法国的房屋组成的拼贴画，这些房屋彼此紧紧相伴，如房间景观：房间如同家庭内部的景观，再现了时代或风格的氛围。地板因房间而异，除了镶木地板以外，它们都用再生石材重新铺装。较低楼层有书房、两个浴室和三间卧室。在顶部为入口、厨房、客厅、小客厅、浴室和衣柜。

双光调节和过滤系统可轻松建立私人环境的条件。圆形大厅是对19世纪大型博物馆的致敬之作，其中收藏了最珍贵的艺术品；包括由文艺复兴时期的装饰品组装而成的四个高4米的纪念性大门：迷失效应混合着神秘感欢迎到来的宾客。古老的拜占庭马赛克镶嵌在地板上。



连接就餐区和地下室厨房的玻璃食物电梯，瓦雷纳街61号住宅，巴黎，1989年

通往夹层两个书房的钢管楼梯，瓦雷纳街61号住宅，巴黎，1989年

圆形大厅入口，瓦雷纳街45号住宅，巴黎，1989年

对页：从两个平面的连接区域中的结构节点的下方向上看，瓦雷纳街45号住宅，巴黎，1989年

# 哥伦比亚大学意大利中心

美国纽约，1991-1996年

意大利中心是美国研究意大利文学和文化的最重要的中心。它坐落于纽约哥伦比亚大学的心脏地带，内部为建于1926年的文艺复兴风格的建筑。随着20世纪60年代哥伦比亚的扩张，该建筑从其他包裹它的建筑中解放了出来，并重新整合又进行修缮，同时重新安置了研究中心。现在这座建筑的四个立面都可以被人看到，显示了它在物理空间和文化上的独立性。

1991年，意大利中心成为意大利高级研究学院的所在地，该学院计划旨在在美国和意大利文化之间建立更大的协同合作。这自然对应于对学者专用空间的重新定义，为此发布了设计竞赛（伊塔洛·罗塔和阿尔多·罗西是参加竞赛的仅有的意大利人）。

罗塔的设计基于异化的构成原则，是艺术先锋的典型代表：通过单独而不可分离的物体中使用/组合异质元素的手法，施维塔斯的“莫斯堡”被插入意大利中心的建筑中，罗塔称之为“超别墅”。

通过修缮，外墙“虚假”的历史完整性得以保持，并创造了一个封闭的花园，朝后广场方向。铺装采用了珍贵的意大利大理石，上面镶嵌有不同文化和时代的象征。一旦进入内部，过去和现在之间的时间对比就会立即显现出来，这种影响持续到建筑物的所有六层，并

带有座右铭“共同思考”的白色大理石铺设的主楼梯

在立面上的不同元素中得到体现。这种二分法源于环境的重叠，就像在时空拼贴中一样，这种环境是从古老的，逐渐上升到现代的。令人迷惑的效果始于包括地下室的前三个平面，具有历史主义特征（文艺复兴时期、19世纪折中主义、装饰主义），其特点是宽敞的空间和高高的天花板以及精致的覆盖物。从第四层一直延伸到最高一层互相咬合的纯几何形状和日益压缩的模块化空间的优势。像笔触、强硬的元素、颜色、家具陈设和材料一样，其无孔不入的与“时代室”的布局产生对比。在该项目中，公共空间——卢基诺·维斯孔蒂风格的剧院、大厅、图书馆、会所、展览空间，和私人空间——主要包括工作室和会议室之间的区别非常明显。

主楼梯采用白色大理石铺装，雕刻着座右铭——“共同思考”，这一格言来自诗人洛伦佐·达·彭特，他在1825年，美国第一所大学中教授意大利文学。超别墅清楚地反映了奢华的观念，这是意大利艺术一直以来的典型特征。

上图：两侧之间的楼梯细部

下图：剖面图

最顶层平面中带有彩色墙壁的办公室

# 城市系统设计

法国南特，1992-1994年
与布鲁诺·福尔蒂和蒂埃里·布洛赫合作

"我们必须爱这座城市吗？……最明显的是，我们在这方面从19世纪得出的结论上几乎没有前进……几乎好像通过新的干预措施永久地重新发展一种充满活力的城市的想法——一个在阿尔伯蒂和拉布洛斯特、帕拉第奥和佩雷生活的文艺复兴时期的普遍想法——未能给城市的内部或者外部，建设命运中的新城市让路。"〔布鲁诺·福尔蒂. 罗塔：我们必须热爱城市［J］. Casabella，1992（590）.〕

直到21世纪初，作为卢瓦尔河上的垂直内河港口的南特市市中心的提升计划，源自1991年市长让·马克·艾罗和城市规划的市政顾问多米尼克·佩罗的倡议，对其进行设计竞赛。第二次世界大战后，这里有一个开发项目。该项目自20世纪30年代以来就开始，包括将埃德雷和卢瓦尔河的整个北部完全用桥连接起来，并最终确定了高速公路的建设。该工程于1949年完成之后，南特市才变成了一座泥沙城市，它的三个侧面似乎漂浮在沥青海中。新的城市

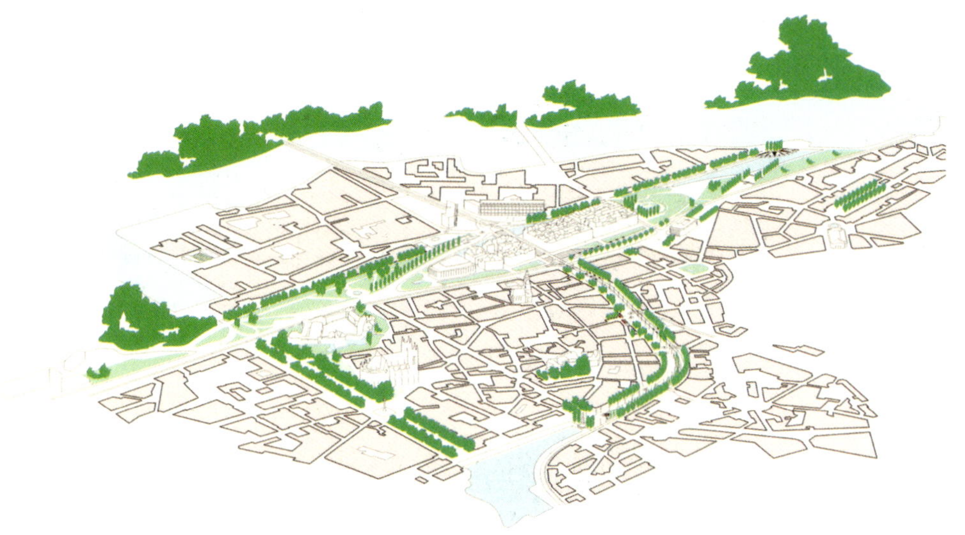

上图：城市中心鸟瞰效果图

下图：新五十人质大街区域穿过市中心的效果图

50 Otages

干预区域设置为双重形式：垂直的——沿着约一公里的古老的埃德雷河床，最终流入卢瓦尔河（将新古典主义的城市与中世纪的城市分开）；水平的——在TGV车站和卢瓦尔河主河床之间（东西向很长的轨迹）之间。

竞赛的主题涉及一定数量的约束性元素，涉及运输和第二条有轨电车；当然还包括自由发挥的部分，表现在两个轴线的交点处重建建议，费多岛被炸毁的中心以及有可能为正义宫建立新的总部，并减轻该岛北侧的交通压力而将其引向南部，以及大回环的系统设计。

干预措施极大地扩展了建筑用地，但罗塔选择重新发现这些关心而修复城市肌理的碎片，过去这些视角与关系的保证来自埃德雷河与卢瓦尔河的流淌。“这不是一个‘完备’的项目，而是一个‘空’的项目，是一个逆向的项目”。它尊重古代的水流轨迹，将其分为三个主要方向：梳理汽车的流线；在菲尔斯岛上确定了一个平衡点，该岛是卢瓦尔河上的一个植被丰富的岛，止于北部的作为木材场使用的三角海滨空地中，位于五十人质大街；在岛中心将要建设双子建筑和正义宫的新总部建筑。

*“在城郊地区缺乏明确的战略而导致城市中心急剧密集的时候，该项目……旨在使城市清晰可读。”（罗塔，项目报告）*

大街两侧的候车亭

南特城市中心

# 哈奴曼印度教寺庙

印度多尔维，2004-2009年

在印度，距离孟买数十公里的地方，罗塔设计了一座献给哈奴曼神的印度教寺庙。这座宗教建筑设计可容纳700人，位于一个大型绿色公园内，毗邻住宅、城市服务点和约6500平方米的研究中心。

哈奴曼是一种有点像猴子的神灵，尽管他的“嘴部”有些令人不安，但这象征着对他的主神拉玛的诚实、力量、信念和奉献精神。拉玛是印度教中最著名最受人尊敬的神。据记载，这位猿猴一般的神帮助拉玛解救了被敌军国王囚禁的妻子西塔。哈奴曼是印度史诗《罗摩衍那》的主角，他以巨人的神力保护自己的主人，并帮助他克服了使他与妻子分离的障碍。人们认为他的肖像可以使邪灵远离了圣殿。

在设计了罗马的圣玛格丽塔·玛丽亚·阿拉科克教堂之后，罗塔收到一张卡片和邀请函，要求他为这座神庙费心。在杜尔维附近的河口地区进行探勘之后，在一个冶金工业集团的支持下，他同意跟从漫长的个人创始过程，这与他作为建筑师的身份相关，并积极参与众多复杂的仪式，一种反映宇宙及其规律的复杂操作。“对于像我这样出生在米兰市中心的人来说，这确实是一种奢侈而美好的事情。我刚刚在罗马建造了一座教堂，这使得我的提议变

建筑外观

得更加吸引人。"〔罗塔．项目报告[J]．Area，314（115）：27-37．〕选择项目地点时要考虑到自然风光以及和平与安宁的气氛。在选定的区域，所有的植被都被拔除，该地方被灵性净化。安库·阿帕纳是种子及其发芽的仪式，是紧随寺庙的建造阶段的重要仪式；其目的是保佑工程顺利进行。在准备好项目和技术图纸后，瓦斯图·温雅莎开始制作曼陀罗，这是一个由64个正方形组成的几何网格，其中代表创作的神话人物瓦斯图·普鲁沙和其他印度万神殿的众神被接受。与建筑有关的另一个仪式阶段是对圣殿遗址进行开光，预见到将使用专门为其建造而制作的材料，例如石材、砖和木头。

基础与地下室的高度齐平，上部结构由圆柱、墙和两者的组合构成。

实际上，外部的蓝色单体浮现出来，它由一个平坦但突出屋顶组成，并由四个倒置的圆锥形巨大支柱支撑。该建筑似乎源自下面的水镜，与天空形成了整体。

在插入门、壁龛和窗户后，施工以顶部安装结束。这个元素是此庇护所的一座塔楼，得益于表面的白色处理，并以大的扭曲和凹槽圆锥体的形式脱颖而出——让人联想起传统的印度教庙宇——插入到地面上的屋顶中，从而建立了一条纵向轴线，还具有支撑顶部的功能。

在树立神的形象之前，要重复种子的仪式，并在种子进入其箱室时庆祝开眼的仪式。

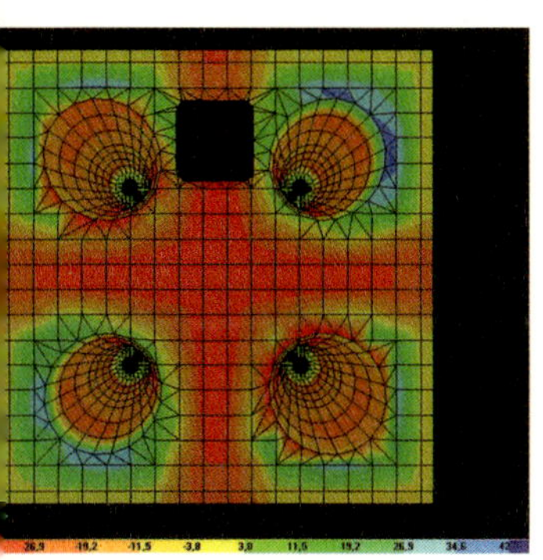

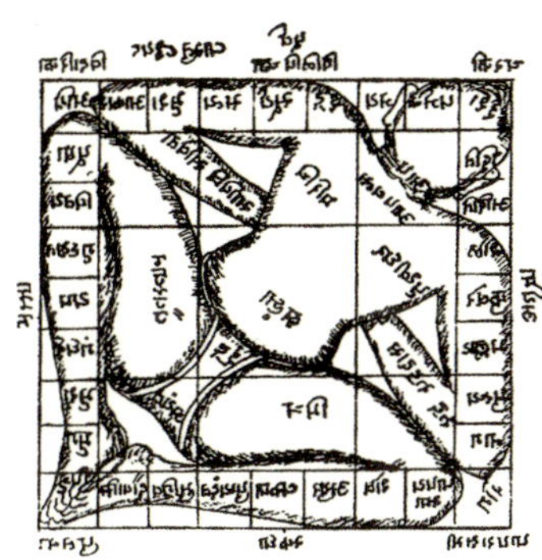

从左至右顶部平面，曼陀罗和寺庙开幕仪式的室内

带有白色尖塔的蓝色建筑外观

# 卡瓦利别墅

意大利佛罗伦萨，2006-2008年

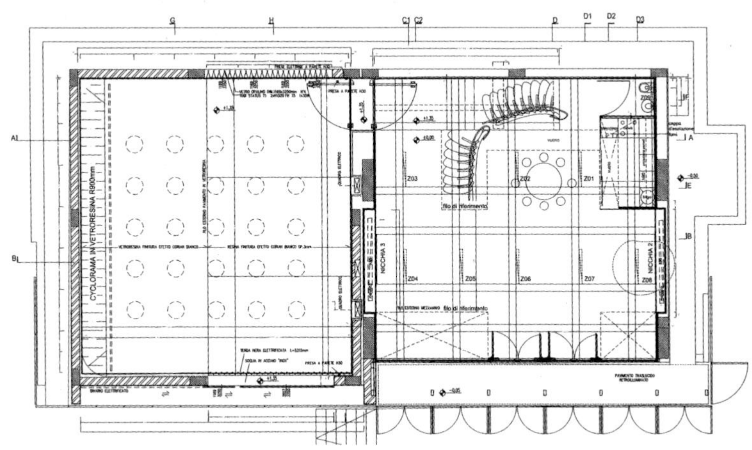


首层平面图

尊重自然环境与地域的紧密联系，为佛罗伦萨的罗贝尔托·卡瓦利设计了这座房子，他是一位热情的读者和神曲鉴赏家。实际上，但丁和佛罗伦萨是这项目的另外两个设计基础，它们与特拉尼和林吉利（1938）未完成的项目的记忆交织，包括一系列沿着螺旋形上升的楼梯布置的房间：从昏暗到充满阳光，这追溯到但丁的创作初始。在这种情况下，体块如同深深嵌入山丘之中：利用山的坡度，建筑的三面都隐埋在砂岩中，而北立面，落地玻璃可将景观尽收眼底。激光切割的铜板，完全由电子控制开启，植物纹理的镂空图案可以过滤阳光，铜板延伸直至屋顶花园并成为花园的护栏。楼梯、沙滩露台和小型游泳池表达了斯巴达式朴素生活理念。

在这个项目中，罗塔重新阐述了文艺复兴时期的原则，并在当代实现。文艺复兴时期，对于建筑师来说，“比史前时代离我们更遥远，因为它专注于理想化和完美的人……当代透视框的线条是对不断膨胀的宇宙的描述，比例与达·芬奇所画的人的神圣比例非常不同……我理想中的事物变得像我们所有人一样，是一个围绕生物而不是几何图案的无限变量，因此也与空间形成物理关系。这个透视图框可以构建

生活场景。此透视图框可以构建生活场景，在其中可以插入你想要的一切，没有任何排斥。它容忍混乱，能接受任何类型的物体，因为它既不受风格问题困扰，也没有图像泛滥"〔伊塔洛·罗塔. 为朋友设计的房子[J]: 住，2008(486): 110.〕。

透视盒的突出之处在于玻璃墙过滤出来的一系列空间所产生的多重视觉效果，正交的框架分割了这些空间。相邻的两个正方形对植物进行了非常简单的划分。

一部分，卡瓦利的摄影工作室采用了2倍层高，并且以圆形天窗采光；另一部分，首层空间略微后退；起居室、开放式厨房，睡眠区域在夹层。整个空间由像“脊椎”结构似的楼梯所支配，这个结构是液态雕塑，由抛光钢制成，带有略微风化的青铜台阶。

整个住宅都是智能遥控，可以调控气温，门窗金属墙甚至对于建筑的颜色都可以进行选择。日落时分，建筑脱掉了灰暗的外衣，穿上了闪亮的晚礼服，成为佛罗伦萨丘陵景观中的主角。

建筑外观和室外泳池以及砂岩台阶

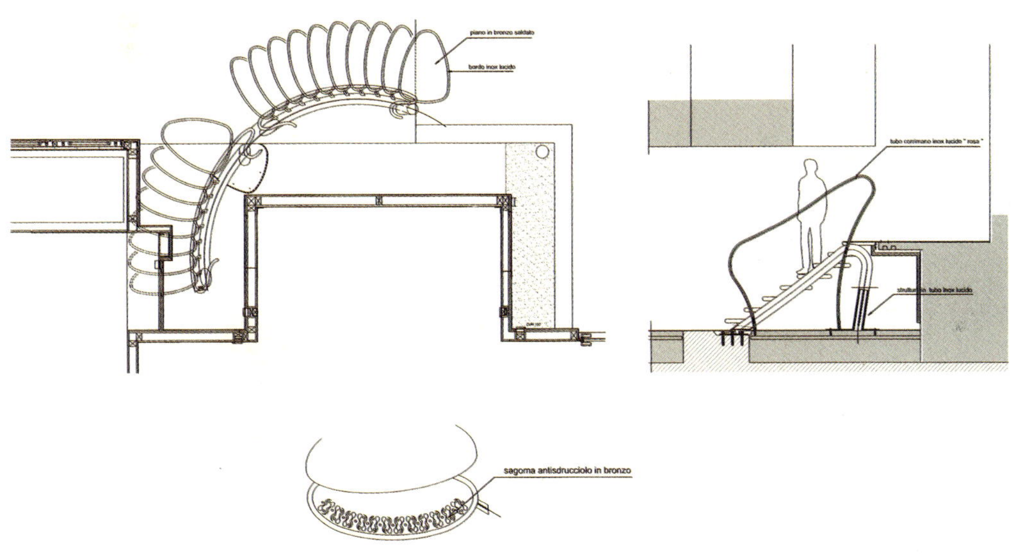
piano in bronzo saldato
bordo inox lucido
tubo corrimano inox lucido " rosa "
tubo inox lucido
sagoma antisdrucciolo in bronzo

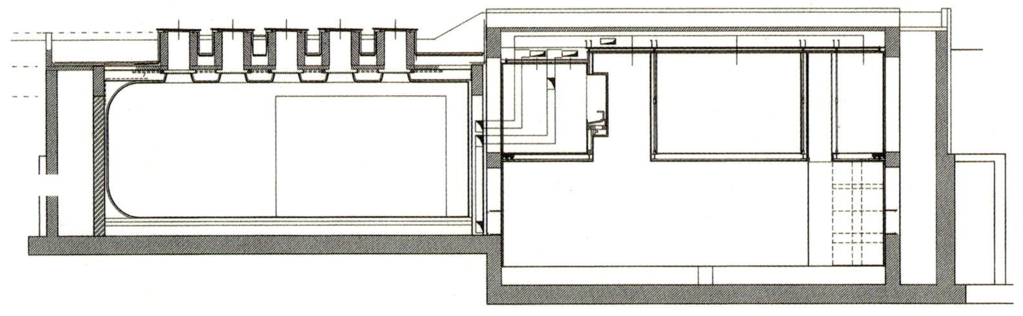

上图：剖面图

下图：屋顶花园

对页：顶楼玻璃走廊，体现屏风的装饰

# 马齐亚奇尼商业区的城市更新

## 意大利米兰，2006-2009年

德尔加诺工厂于1892年应维杰瓦诺市年轻的草药师卡洛·厄尔巴的要求所创建。伊姆博纳提街在乡村，在短时间内，这家被视为工业中心的公司，成为制药和化学行业的“巨头”。在20世纪80年代中期该工厂被拆除，它成为郊区的一个遗址；近年来获得了重新发展的机会，面积将扩大到10万平方米。

项目周边由四条道路围合，内部由一条中心横向轴线分隔，包含办公楼、健身村、博物馆剧院、美食公园，其中包括保留的砖砌烟囱，用以纪念工业历史。

“马齐亚奇尼是一个开放的项目，没有栅栏，我们希望它自然，它的存在能够对抗时间。”项目地块内，创建了新的公共空间，即绿色核心和交通干道，沿着街区，延续贝鲁托城市的建筑有机体。

罗塔设计的是街区北部，面对伊姆博纳提街与波维街的交叉口，一直向内部中心延伸。三座不同功能的建筑：一座办公楼，一个健身中心和一个附带木偶博物馆的剧院。建筑体量沿纵向延伸，并与后面的绿色区域保持连续性。它们覆盖着不同的颜色，像都市静物一样



办公楼俯瞰图

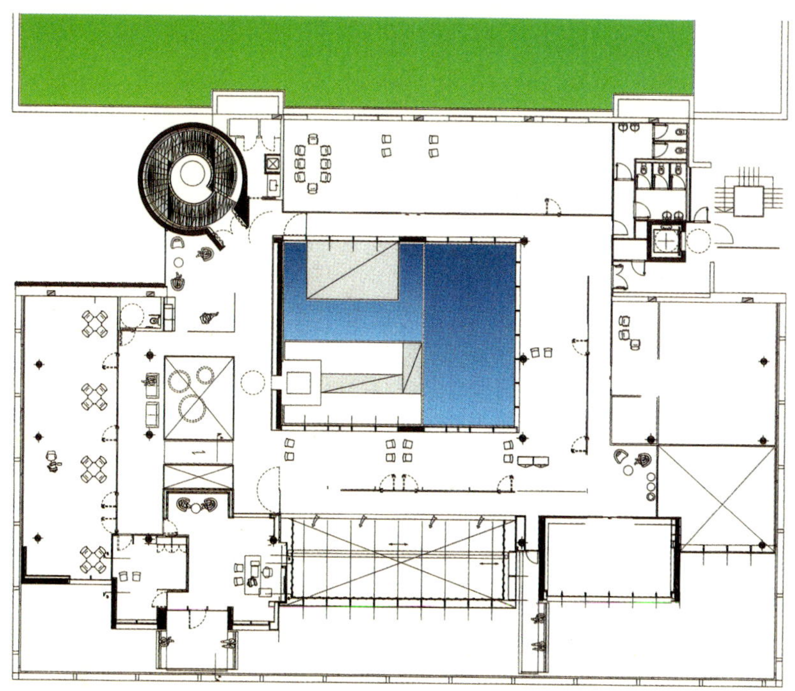

嫁接在地上。

每一个立面都采取不同的处理方式，呼唤城市立面的丰富性。

办公大楼的内部立面逐渐下降到公园的地面高度，并用白色混凝土和玻璃制成的斜网覆盖，呈现出浑浊和透明的交替。像棋盘一样，它以不同的方式过滤光线和周围的绿色。这种结构还接合了另一部分红色混凝土和砖，与工作环境相呼应；在某些区域，这些水泥和砖完全被玻璃替代，用这种方式保护了私人区域的私密性，并为工人创造了间隙休闲区。外立面延续至内部街道较短的一侧，并且有一个覆盖着石头的几何图案的倾斜的圆柱体。这里是入口，由一个拥有离散的金属球体的想法的体现：符号的抽象对位。在它旁边是商业和健身建筑的立方体块，红色的混凝土帷幕上开出不同尺寸的圆孔采光。它比以前的建筑更加内敛，可以通过两条“传送带”从主要部分进入到后面的健身房。

当代剧院和木偶博物馆是马齐亚奇尼地区的至高成就。“剧院是一组白色建筑，非常简单，继续创造他们相遇的窗和内部花园……

办公楼的二层平面图

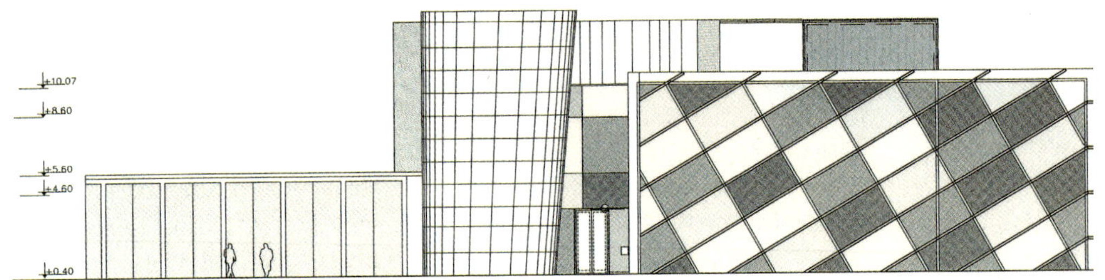




办公室建筑入口和立面的细部

屋顶材质都是用彩色陶瓷，形成了一幅巨大的画面，像破碎倒塌的蒙德里安一样。里面有花园的整个系统，可供那些在那里工作的人们享用，空间非常高，还有非常高的开窗可以将光线引入室内。我认为，今天是时候重新在模型上工作了，在某种意义上说，实际上对新型建筑进行反思的呼声从未被接受。原因是多方面的，特别是因为没有合适真正新型空间性质的生活主题，来为真正的新型建筑创造条件。”

（卢卡·莫利纳里访谈，“与罗塔关于马齐亚奇尼的对话”。米兰新城市实验 [M]. 米兰：斯奇拉出版社，2009：98.）

木偶博物馆渲染图

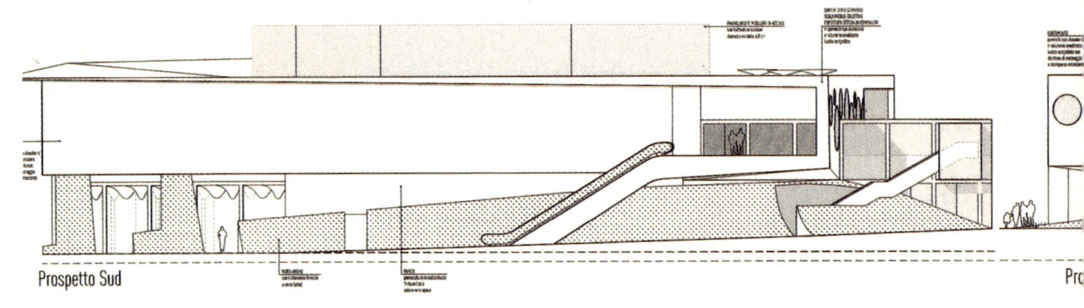

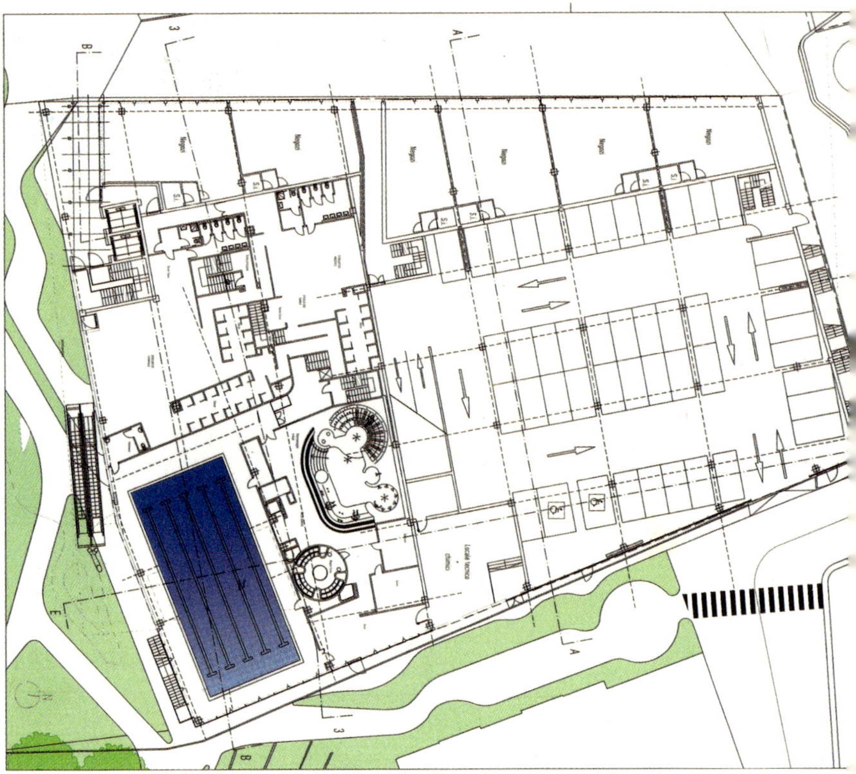

上图：综合体南、东立面　　下图：健身房首层平面

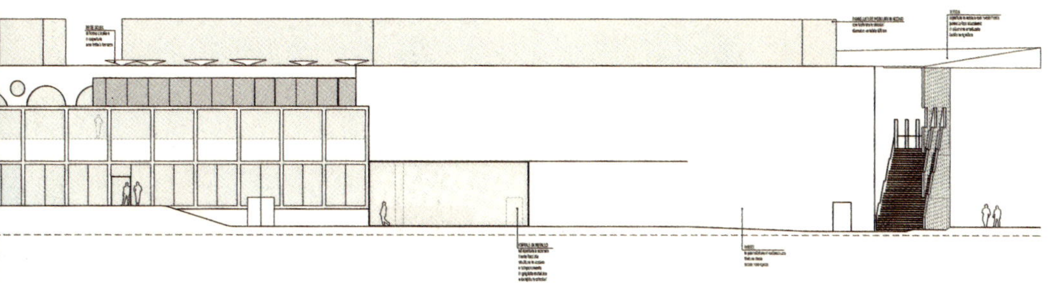

# 世博会水之城展厅

## 西班牙萨拉戈萨，2008年

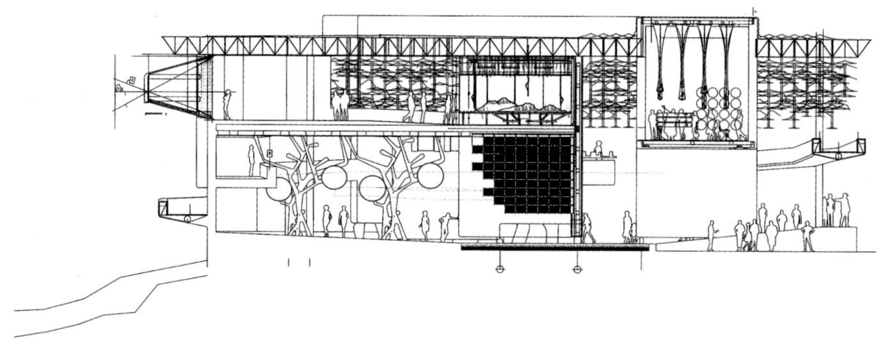

"'水之城'展厅就像一个电影院，它不是来看屏幕的图像。而是直接渗透到图像和故事中。在这里图像对人类所遇到的全新的问题提出了意想不到的问题和答案，征服了心灵领域。"（马可·迪埃里亚．视觉中的运动［M］// 拉斐尔·波莱蒂．伊塔洛·罗塔：装置展览——通过物体创造世界．米兰：埃雷克塔出版社，2009：434．）

水之城是2008年萨拉戈萨世博会（6月14日～9月14日）旨在加深水与可持续发展这一总旨的五个"主题广场"之一。

这次展览特别探讨了水与城市的关系。设计基本理念是建立一个教育馆，让游客理解，未来改善我们城市的生活质量，认识水的核心作用的必要性，逾越城市中心被视为无生命物体的先入之见。

展览空间分为声音、色彩、图示和摄影的图像、触感组成的一种体验式旅程，并分为五个主题部分，在这些主题中，水会时不时被视为与城市的关系的不同方面。旅程始于历史上与水有关的城市的历史图像：它们现在是过时的商业和工业港口，依靠谁来增长、发展和吸引劳动力和投资的能力？参观者沿着缓慢上升的道路，沿坡道的空间像电影剧情一样在随之发展：一系列不断变化的视角创造了一个心灵剧场，展馆的复杂主题在这里得以沉淀。背后的内部穹顶中央，以一幅壮观的与水有关的活动的全景图开场，从建筑阳台上的园艺实践，



剖面

到在公海上建造豪华度假岛屿。图像被正交镜面折射而复制和扩展。黑色沥青地板与白色墙壁形成反差对比，白墙接收信息和图像：新城市自然的暧昧元素，天然材料同时又是大都市的象征。

在遍及全球80个城市的旅程中（提醒人们，这是在儒勒·凡尔纳诞辰180周年之际，对他出版的一本书的小小致敬），从五大洲中选出并以壮观的图像作为代表，它们像火车窗看到的转瞬即逝又回味无穷的景色。这条路线的终点是萨拉戈萨的展览厅，随着世博会的举办，萨拉戈萨利用的是至今被废弃的一部分靠近河流的土地。在空间的中心部位是一个高4米的陶瓷花瓶，上面装饰着从公元2世纪到2030年萨拉戈萨市的水与城市形状之间关系的场景。花瓶的表面覆盖着光滑的珐琅，这是公元9世纪阿拉贡的阿拉伯人发明的一种矿物质的特殊混合物，它被分成水平带，就像在几何学时期的希腊花瓶一样，以漫画的形式展现故事、人物，把古老的巨大双耳细颈酒罐改成了未来的物品（改变了人们的生活）。萨拉戈萨正是由于位于埃布罗河十字口的战略位置上打下了它的根基，并有机会反思城市更新的重要主题以及重新发掘水所带来的机遇。展厅四周都是露台，参观者可以一览外面的风景：水城展厅坐落在河岸上，像一艘船，利用它的航线，与城市建立密切的联系。

室外视角

下页：装饰着展示城市与水之间关系的场景的大陶瓷花瓶

ISPANIARUM,
CAE, BALEARUMQU REX,
TIMUS, PRUDENS,
US, CONSTANS, IUSTUS,
HELISABETH REGINA,
ONE ET ANIMI MAGNITUDINE
A MULIEREM, INSIGNI CONIUGES...
Çaragoça
Roma
14 a.C.
caesaraugusta
Iberus

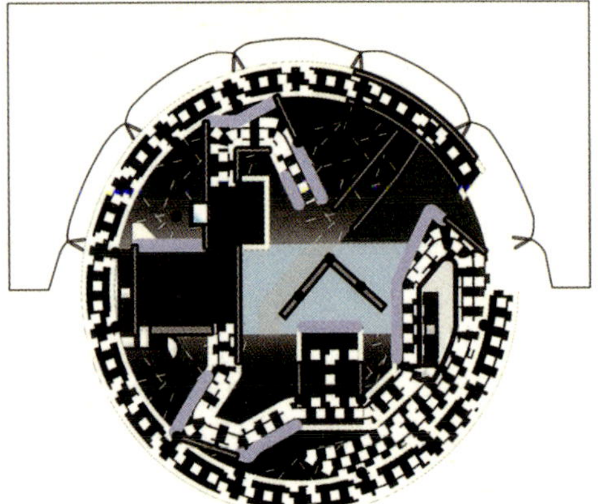

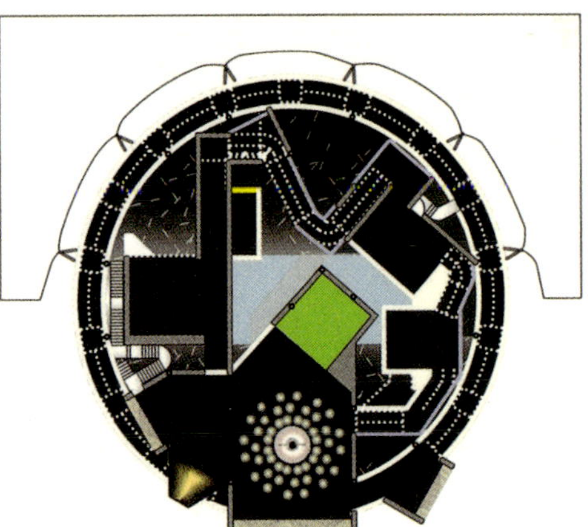



不同展览层地板的研究平面图

展厅内部

# 罗贝尔托・卡瓦利精品店

法国巴黎，2009年

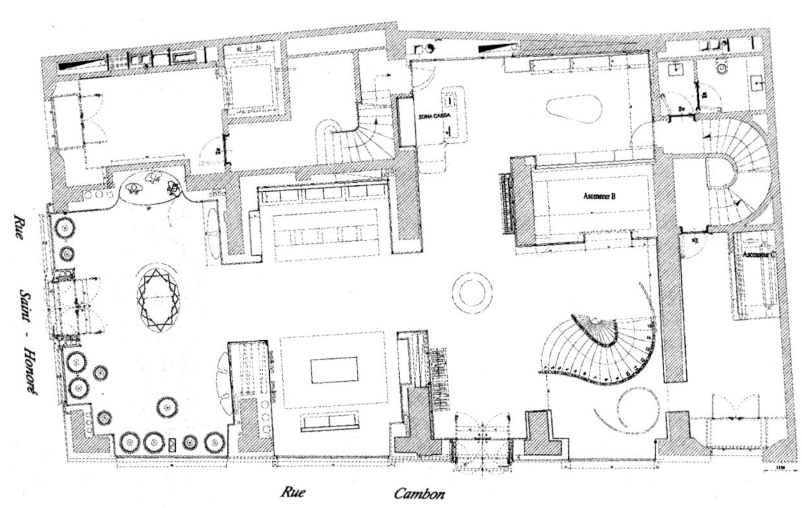


罗塔说："一切都源于将意大利品位和创意融入光之城魅力的想法。""这产生了一个伟大而同时收获的设计，充满了材料的冲突和令人惊喜的解决方案，还有私密的、充满了僻静的角落、壁龛和小客厅。纯粹的幻想。"〔切萨雷・库纳恰．梦想的舞台［J］．安邸AD，2009（36）：130.〕。

建筑位于圣奥若雷街和坎邦街的拐角处，是一栋19世纪初由巴黎圣母院保护的一处房产，七层楼，其中四层为精品店，两层为办公室，其余剩下部分为设计师的私人住宅。由于需要在低层发展扩大销售空间的需求，决定了增加新的楼梯和电梯这样的内部交通系统。项目在于创造一个大的通高空间，跨越不同高度，阳光可以沐浴室内，并享受双层高度和意想不到的内部视角，并与传统空间的尺度交替。精品店安装了"木制品"墙板，用作监控服装展示以及店中心的一系列展示岛的监视器。

这是技术和工艺融合在一个魔幻的地方，一个让梦想成为现实的魔盒。坚硬且冰冷的材料：智能化家具、桌子和镜面钢化玻璃；与温暖和柔软的外饰共存：墙面包着卡皮托尼工艺的面料，白色貂皮和蟒蛇皮的沙发，引发了一场艺术与自然的游戏，视觉与触觉的对比，兼



首层平面图

对页：专用展示柜

收并蓄，极富戏剧性。历史悠久的客厅拥有古董木镶板门，它们被修缮得以保留原始特色。在有光泽的树脂地板上安置镜面钢化玻璃：与电视机一起，一切融合，勾勒出童话般的色彩。照明系统在设备槽内交替，设备槽中安装可调控伸缩的照明元件，装饰金属玫瑰花环也有照明的功能，可以达到精准的预期效果。光的路径在上升，房间随着光线的上升而逐渐清晰；又逐渐黯淡，这是非物质化的渐进效果。然而灯光也很壮观：两个雄伟的雕塑吊灯，由镶有施华洛世奇水晶的镀金镀银镜面钢制成，从天花板上垂落，跨越两倍层高，成为整个场面的中心，同时也提高了展品的神秘莫测感。



上图及对页：精品店内部

# 博斯克罗酒店

博斯克罗·易可思得拉酒店，意大利米兰，2008-2009年
博斯克罗皇宫酒店，意大利罗马，2009-2010年

博斯克罗的城市酒店代表了两种不同的建筑干预措施。但它们有一个共同点：源于电影拍摄方法，是被设计引入宾客感官的地方，包括连续的舞台布景、体块、色彩、材料等，它们在手法与现实之间不断地摇摆。米兰易可思得拉酒店的新立面是一个“红色面具”，入口的一个标识牌和两个大窗户安置在花岗石立面上。通过将接待台放置在一个边缘的位置来增加酒店的公共空间面积。入口大厅采用两个大空间与城市对话，空间插入了壮观的钢管构成“巢”，并与不同楼层之间连接的楼梯相搭接。“丑角”是一座由镜面钢化玻璃和铜板制成的三角旋转体楼梯雕塑，装饰大厅，引导客人穿过宽阔的弧形楼梯。依次围绕着五彩缤纷的图腾翩翩起舞的坡道，将不同楼层连接在一起，形成一首令人愉快的插曲——香槟：轻盈和嬉戏的邀请。穿过酒店不同楼层所感受的蜿蜒线路，没有什么是静止的，所有的元素都遵循着城市的节奏。这些节奏蔓延在首层的大部分空间，并在内部产生了视觉上连续感。而光的研究对这一设计起到决定性的作用，自然光、人造光、材料和表面诱导光，例如入口处的白色卡拉卡塔大理石抑或覆盖“全黑”餐厅的地板、墙面和天花板的KIT黑色大理石；公共区域散发的耀眼白光；私人区域的柔和光线；环境过渡区域的LED组灯。所有房间都配有由罗塔主要设计的定制作品，以及植入国际著名设计师的家具。

20世纪50年代，米兰的建筑师和工匠之间的密切合作关系是由材料方面的极高造诣的工作所引发的，黑色皮革和木材之间的反复交替使用，以及将飘窗窗台设计成座椅。大约有170间的房间，每间都与其他不同。大部分房间都覆盖有双层织物，木制的壁板可以变成一个大衣柜。在它后面是浴室，白色的缎带覆盖地板、墙壁和天花板，各种颜色的宽大镜子挂在墙上。入口门上摆放着精致的东方格调的花草

罗马皇宫酒店入口的细节，装饰着优雅的灵缇犬

复制品，与信息监控器相结合，为客户提供了一见如故的接待体验。

罗马皇宫酒店项目界定了20世纪的建筑师马塞勒斯·皮亚森汀（Marcello Piacentin）和安巴夏特利酒店（一个具有纪念意义的城市建筑）之间的关系。立面上不同层次的叠加与室内空间的氛围相结合，具有折中主义和矫饰主义的风格。一楼的大厅，装饰着威尼斯卡多林壁画、浅浮雕、尼诺·克洛萨（Nino Cloza）和阿尔弗雷多·比亚吉尼（Alfredo Biagini）的雕塑，回顾了融合美国流线型风格的罗马翁贝尔托折中主义，这里成了电影舞台，演员们是酒店的客人，与壁画中不朽的人物一起，包括在贝尔尼尼扭曲的柱子后面是年轻的吉奥·庞帝的脸，还有建筑师梅尔乔尔·贝加以及其他世俗人物。

罗塔通过蜕变的方法，将新发现的旧痕迹、间断的装饰线角、丢失的装饰品用以重建室内空间，将被忽视和所遮蔽的原始精神重新带到阳光下。装饰引导着项目，在修复和新创造之间交织：新旧之间展开了密切的对话，例如从壁画中逃脱的灵缇犬，转化为装饰品、桌腿和桌面支撑元素，以电影的方式再现了新大理石地板与发掘的原始大理石地板并排放置的丰富的环境影像。家具全部经过设计，还带有微妙的讽刺意味，重读了前卫历史语法。

房间柔和的基调笼罩，橄榄绿色的内饰或粉红色的条纹图案装饰，床上的天花板悬挂着巨大的吊灯，而超现实主义的衣柜则设计成巨大的行李箱形式，这隐喻了旅行。

罗马皇宫酒店的前台受到20世纪初艺术先锋派的启发

罗马皇宫酒店的主厅和绘有年轻的吉奥·庞帝的脸在柱子后面偷窥的细节的绘画

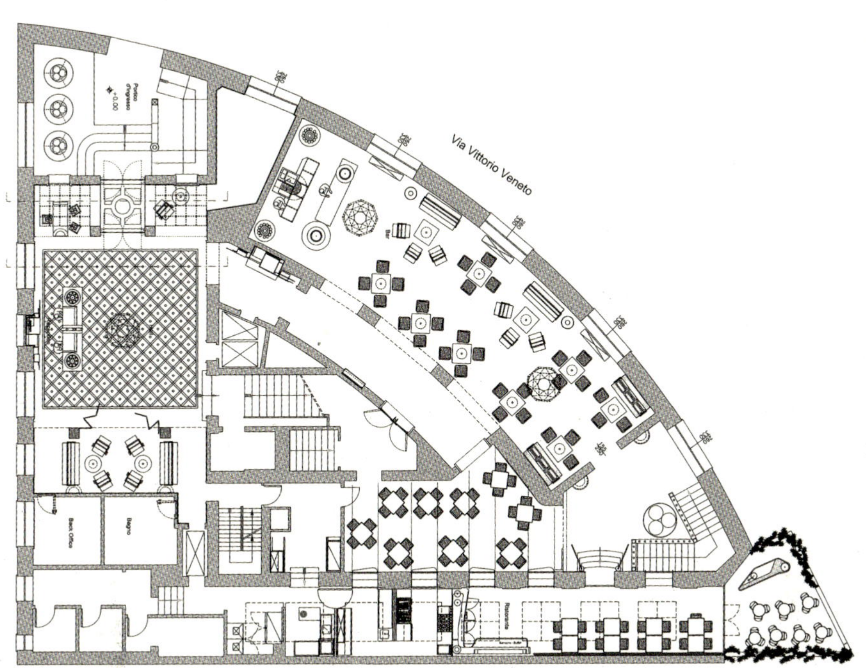

上图：首层平面图

下图：酒店其中的一间卧室内景

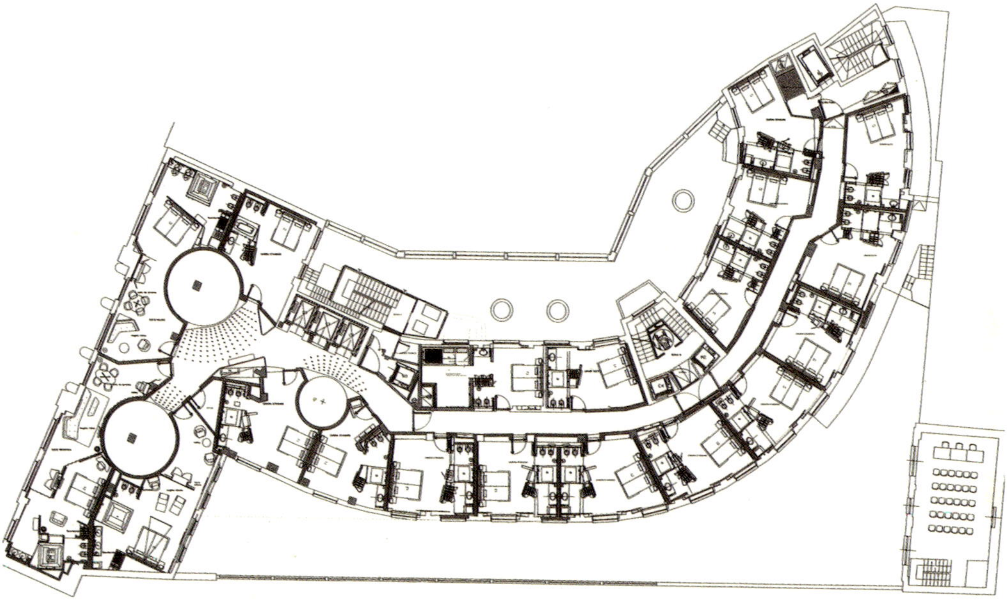

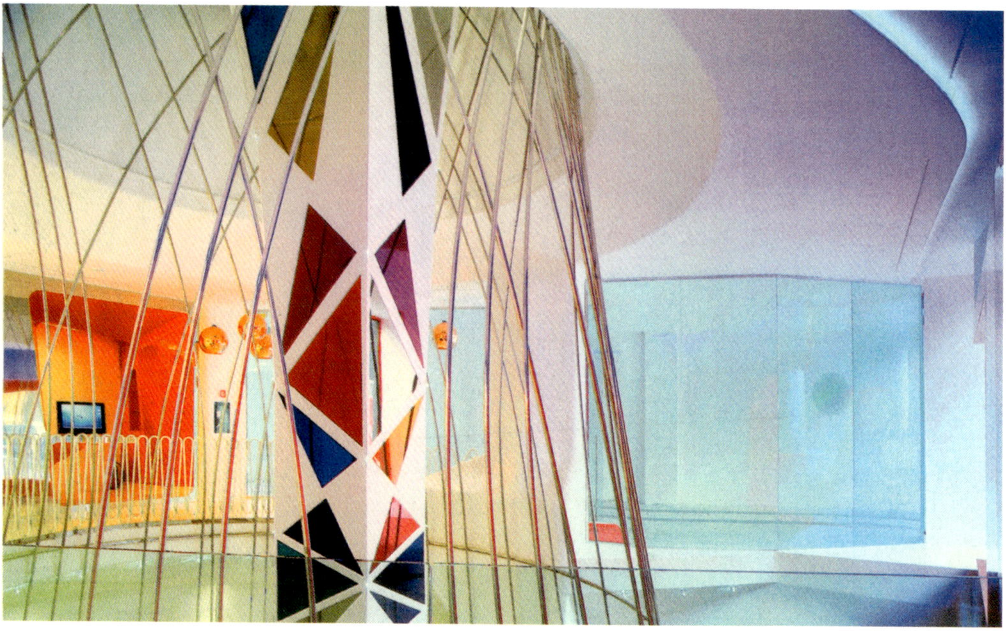

上图：米兰博斯克罗·易可思得拉酒店
带标准间的标准层平面图

下图：装饰雕塑的细部

上图：米兰易可思得拉酒店的其中一间卧室

下图：香槟酒区和下到地下室的楼梯

# 二十世纪博物馆

## 意大利米兰，2002-2010年

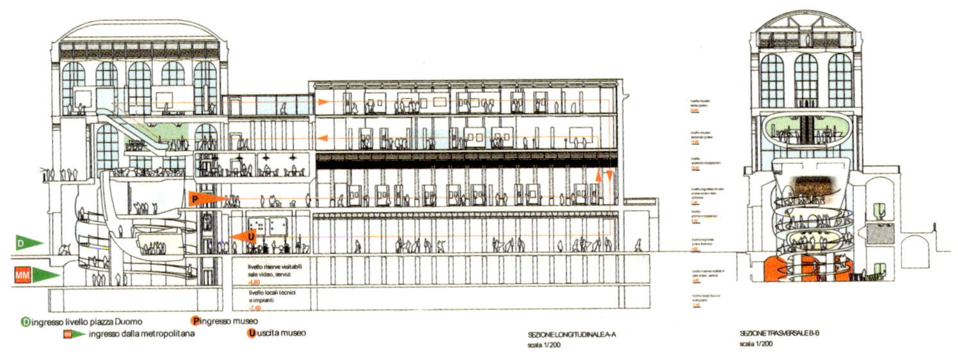


"主教堂广场和丁托尔尼是这座城市的一部分，用传统的城市历史学将其定义为'拼贴城市'。

七个世纪以来，组装、并置、替换、撕裂、胶合的建筑作品无间断地沉淀，这是一种巨大的无序现象，实际上它隐藏着严格的秩序。在历史不断发展过程中，我们有机会将这里视为静物一般欣赏。静物画，希腊人称之为'xenia'，是一种城市风情，这里我们能感受到气味的愉悦以及我们寻找情感和体验的行动。主教堂广场，就像是每分钟45转的慢转唱片，播放着非常成功的'长廊'，而它的B面的'皇宫的一侧'也很值得一听。

近一个世纪以来，收藏品一直在寻找一个来炫耀、举办展览和满足需求的地方。一座未完工的宫殿，在1942年被战争轰炸毁坏，历经65年去寻找一个可以面对新世纪的成熟身份……一条路，也许是很长的路。行走就是思考、观察、停留、回望、制造停顿、飘忽的注意力，它留给我们亲密得几乎窥视癖的自由，去接触作品甚至为之'着迷'。那么……旅途愉快。"（伊塔洛·罗塔，米兰，2010年11月21日）

通过一个连接博物馆不同楼层的升降梯，这里的旅程直接从与地铁相连的地下一层开始。地板是用蓝色树脂和动态带状的白水泥处理，在小灯的照射下，颇具讽刺地唤起人们对赖特的古根海姆的联想。"潮流"将游客从下面送到放置了德·奇利克的"神秘浴场"的一些雕塑碎片的地方，直到第一个停留区，佩里

横向和纵向剖面

阿仁伽里奥宫室外

泽·达·沃尔佩多的1902年绘的《第四共和国》在壁龛中脱颖而出，成为20世纪20年代受到大众欢迎的民间收藏——20世纪开始了。沿着坡道路线，模块化的三角形玻璃窗打开了通往大教堂广场的视野："在阿仁伽里奥宫大理石的外表面，长廊是将宫殿视为一个双向玻璃窗的条件：观察者的视角和相反的视角是我们能够感知广场和周围的环境，就好像这次是城市本身的自我展示"。〔富尔维奥·伊雷斯. 米兰博物馆历史[J]. Casabella，2011（799）：86-95.〕

阿仁伽里奥宫塔楼，由乔凡尼·慕齐奥、恩里科·格里菲尼、皮耶·朱利奥·玛吉斯特雷蒂、皮耶罗·波尔塔卢皮于1939年建造，在遭到第二次世界大战的破坏后，1955年由梅尔基奥雷·贝加对它进行改造，至今仍保留着带有浅浮雕的外部石砌外壳。

第二层玻璃表皮到达了顶点，将面积扩大到全景露台中，这是一个名副其实的宝箱，室内安装了卢西奥·丰塔纳的霓虹灯"套索"：通过巨大的拱门从外面可以看到动态图像的叙事，这种叙事产生了干扰，却唤起了与这座城市有关的回忆。

令人印象深刻的圆柱大厅标志着博物馆藏品之旅的开始，这里共展出了400幅作品，这些



螺旋坡道的外观

作品共分四层，并通过吊桥延伸至米兰王宫的长侧翼。展览的设计方案是罗塔在2002年米兰PAC展览中进行的“密室逃脱”展览装置实验的成果，例如福斯托·梅洛蒂和马里诺·马里尼的专题展厅。这些研究的结果也是在白墙上插入一块沙色背板用来展示翁贝托·博西奥尼的作品，后来变成家庭的挂画背景墙。

圆柱大厅的透视轴被标记主题和年代顺序的垂直面板所打断。展览面积为6000平方米，其中在皇宫二楼展厅约1500平方米，展出了从20世纪60年代的程序和电影艺术到70年代的贫穷艺术。

二层展厅，翁贝托·博西奥尼的“空间独特的连续性形式”，1913年

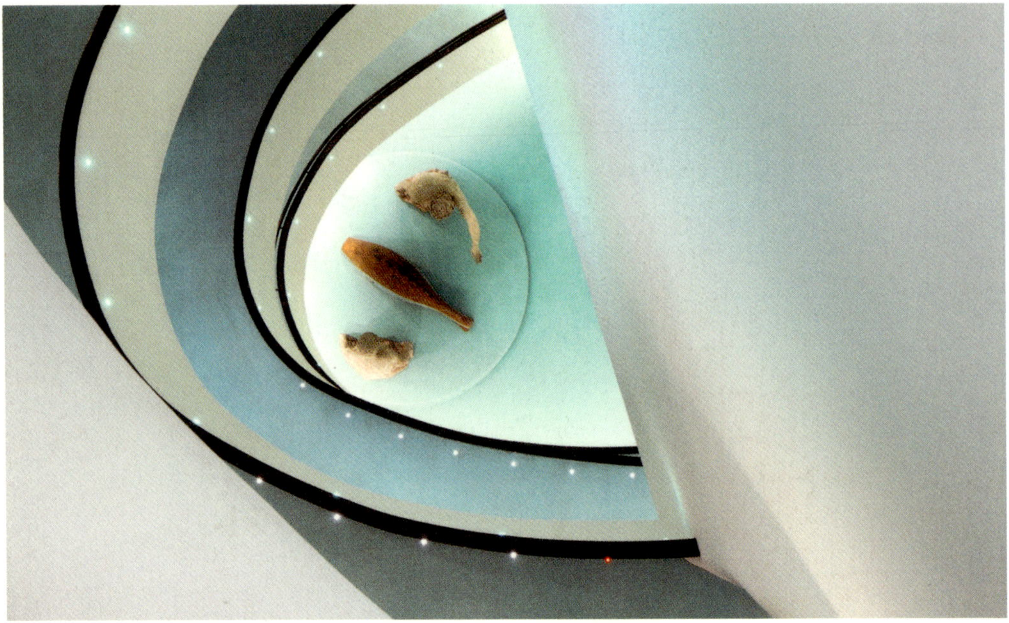

博物馆入口坡道俯瞰和仰视

上图左：顶层室内，落地玻璃俯瞰大教堂广场和皇家小广场
上图右卢西奥·丰塔纳的霓虹灯

# 展览：生命 / 安装

意大利米兰，2012年

在过去的两年中，网络通信的发展彻底改变了人们对装置和展览的看法：身体已经成为“媒介”。

在2012年移动手机沙龙期间的三星项目中，使用平板电脑的参观者激活了他们所在的居住空间；将他们移动到装置中的无生命家庭空间，他们看到人们互动和处理日常的情景。

罗塔始终专注于技术，在这个项目中有方式来衡量其潜力，并根据家为主题的教育互动来转变它们的功能，与技术工具提供的新的可能性相联系，发挥其作用。以2012年4月为背景，该项目以电影故事梗概系列图片开始、相关故事、人际关系、日常生活中出现的常见问题为出发点，隐喻了我们日常生活中的典型的一天。这项研究的设计师成为活跃的参与者，用他们自己来模拟当代家庭的角色和情况。

项目是叙述、历史和空间与技术之间关系的研究。平行现实的定义与物理现实重叠，激活感官和直觉刺激。在宽敞的灰色空间中，物体、家具和墙壁均采用柔软的天鹅绒材料处理。

现实是平淡的、短暂的、迷惑的。一个无声和反视觉世界，与激活眼睛所感知的无生命现实的技术仪器产生的图像和声音形成对立。罗塔设想的未来基于“不断发展但从未改变的生活方式，在一个它可以实时响应生活快速变化的模块化住宅中，旧需求和原则、人际关系、职责、乐趣仍保持不变”。

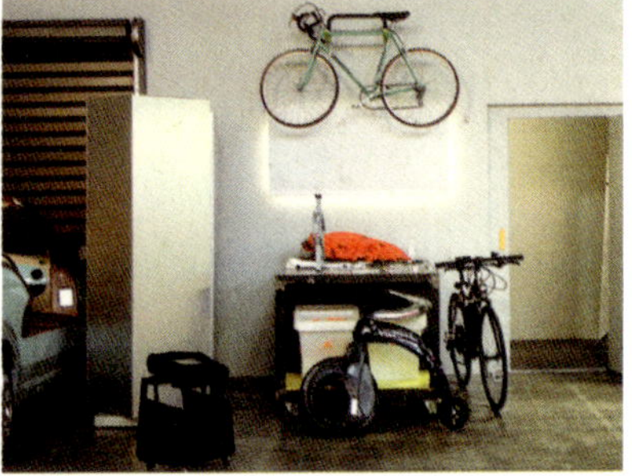

在98~100页中，是一些不同的配置方案

**建成项目**

下图比较了实际环境（灰色）和平板电脑上显色的颜色（彩色）

# 设计作品

2015年米兰世博会瑞士馆

抽水站和四水公园，坎波拉塔罗，贝内文托

风力发电场和城市更新，卢塞拉，福贾

# 2015年米兰世博会瑞士馆

## 投标项目，2012年

在瑞士馆项目中，罗塔采用了组装、装配和相对拆卸的技术，以期世博会后再利用于新机遇和项目，将探讨的原则和主题扩展到整个欧洲。建造展馆和餐厅的结构系统由可回收性高的环保材料（铝、木材、天然织物）制成。工业半透明涂膜技术（PVDF，聚偏二氟乙烯）是三维悬浮系统结构，可以在大多数情况下，只使用白天的自然光，控制和测量其强度。

至于萨拉戈萨展馆，结构是被动的，旨在节省和再生所产生的能源。创新技术通过自然通风冷却为游客创造舒适的环境条件。访客的不断流动和移动是能量的来源：使用地板区域（可持续能源地板），将产生的能量转换为可用于展馆的需求的电能。餐厅和服务区的屋顶是用感光膜材料制成，这种感光膜既可以白天遮光，同时可以生产能量，然后在晚上给建筑物供给光能。

内部参观路线是通过感官和技术方式，对世博会、瑞士食品和文化相关主题的不同深度进行实验和思考。项目的主题围绕着马戏团表演活动，除了可以与人类互动之外，还可以带来游戏和惊喜效果；表现虚拟互动的技术，还提供发送到参观者手机上有深度的内容；从旅行的意义上说，火车跨越领土和边界，这就提到了著名的瑞士阿尔卑斯山火车，最后是阿尔卑斯山，这是在19世纪浪漫主义时期脱颖而出的地方，难以到达的、充满神秘感。现实的确如此，至今对于大多数人来说仍然如此。

参观于亭子入口处的声音地图开始，这个声音成为参观者与展馆本身以及与世博会之后不久的将来涉及地球的内容创建的社区沟通的昵称。进入展览区域伊始，一些演员就会迎接参观者，并讲述主题、故事和选择，瑞士不仅是用来介入这场重要辩论的选择。在用户的手机上加载学习笔记、访问瑞士地图、会面地址、活动日历。 马戏团艺术家的一系列表演，通过声音和身体，展示了展馆的主题。了解不同州和品尝食物将有助于参观者了解其内在品质，并探索诸如生产食品所需要的能量以及如何保证食物的可持续性等主题。

参观的终点是餐厅，它为传统的本土食品打开了大门。

上图：项目设计图纸，室外

下图：项目设计图纸

Grandi altezze
Le maestose persone-scaffali

Un Padiglione

Bellezza da mangiare
VIP-room

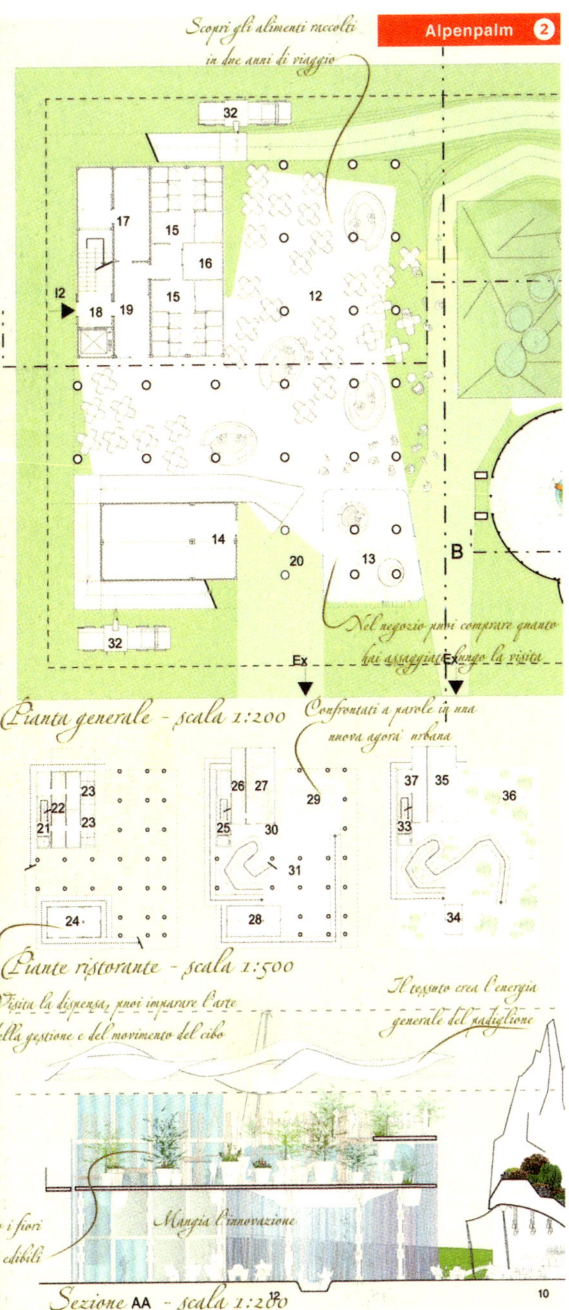
Alpenpalm 2
Scopri gli alimenti raccolti in due anni di viaggio
Nel negozio puoi comprare quanto hai assaggiato lungo la visita
Pianta generale - scala 1:200
Confrontati a parole in una nuova agorà urbana
Piante ristorante - scala 1:500
Visita la dispensa, puoi imparare l'arte della gestione e del movimento del cibo
Il tessuto crea l'energia generale del padiglione
Mangia l'innovazione
i fiori edibili
Sezione AA - scala 1:200

# 抽水站和四水公园

坎波拉塔罗，贝内文托，2011年至今

贝内文托省坎波拉塔罗市的抽水站响应了“调节”电力系统日益增长的需求：在供大于求的时候，它吸收电网的能量，从下游向上游抽水，产生能量；当消耗量达到峰值时，将水从上游释放到下游。泵水使用坎波拉塔罗现有的水库作为下游盆地，天然水池蒙特阿尔托作为上游蓄水库。

四水公园的主旨是改善桑尼奥（Sannio）地区的旅游和环境。旅行路线，在公园的结构分布内创建深化时刻，向游客展示智能用水和能源利用的新模式这一项目主旨。

这条路线包括几个阶段。

能源意识住宅，采用可持续性生态材料建造，是现代林间住宅。建于森林中，这里的能源是由微型螺旋式水车发电站生产，由建筑下方的天然瀑布提供动力。

建筑的墙体是用当地人捐赠的旧彩色衣服制成的砖砌而成，催化了集体参与记忆的特点的工程。

在由楼梯连接的宽敞的矩形空间中，可以在不同环境中组织会议并重新评估我们的日常生活能耗。

上图：电器系统调节系统图　　下图：环境意识住宅模型

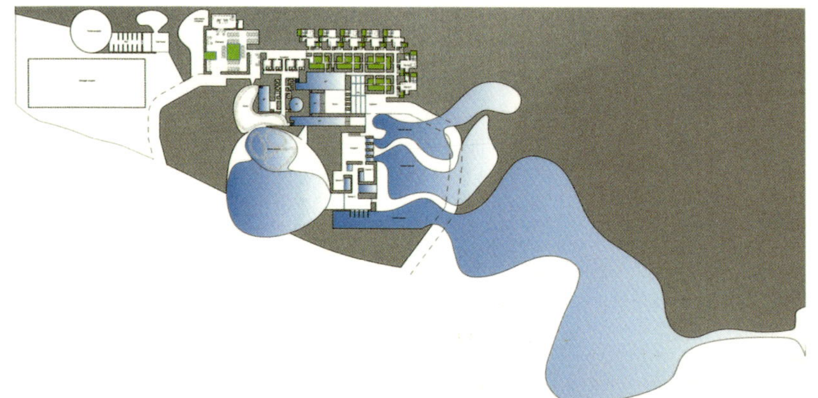

温泉综合体平面图和模型细节

屋顶绿化不仅可供参观者参观，还对控制室内环境有高性能的促进作用。这座建筑位于坎波拉塔罗市，是理解大循环经度和纬度的地方，大循环是控制人与自然之间关系的基础，而人与自然的关系支配着土地以及城市、大都市和特大城市的命脉：水、能源、废弃物、流动性、空气、生产活动、自然资源。

另一个，环境意识住宅位于卡萨尔迪亚尼农场上。这是一个小旅馆，可以停下来修整并为电动汽车充电。它配有一个菜地，以供种植开发当地的原材料。从建有房屋的古老喷泉中取水。建筑为三层建筑，一楼设有会议室；楼上两层有八间配有麻布窗帘和小玻璃桑拿浴室的客房，可以俯瞰舞厅。房间的窗子是景观框，可引发房客冥想。这种建造方法还原了古老的系统，比如轻质木框架结构、天然绝缘材料（例如：大麻纤维、植物涂层），还有从柴垛里回收的原木。气温由壁炉系统控制。莫尔科内市的温泉综合体，表现了古老记忆的环境，可以使人在这里恢复健康，重回我们拥有力量的日子。水疗中心成为在身体上重新发现水的功效的机会，水的各种特征取决于化学和物理特性。就像水一样，建筑空间适应环境景观的形态，与之融为一体，填补空白，创造空间。迷宫般的房间，无论在室内和室外，地下和地上都可以欣赏多重风景，体验不断扩展和压缩的环境。水引导着建筑群内部的道路：从健康水疗中心的温泉池，水成为水族馆中分析和研究的对象，然后成为酒店休憩和放松的源泉。在水族馆的大水池中可以再一次观赏周围地区的水生动物。物种们在内外混合空间中建立它们的栖息地，游客可以通过人行道与动物共生，并以科学的方式观察它们。水族馆是与动物息息相关的地方。它与温泉相连，是一个对人健康有益和疗养的地方。酒店的客房融入了这片地区，充分利用了环境地形学所产生的各种困境，从而形成了一个稀有且具有丰富感官体验的环境。酒店房间按照天窗的排布进行布置，这样可以使房间充满阳光，并在夜晚打开视野瞭望宽广无垠的星空。房间很安谧。当客人想到外面看看的时候，从一个受到保护的环境中的回廊走出来即可。项目还考虑到酒店建筑有扩建的可能性，所以空间设计简单。

# 风力发电场和城市更新

## 卢塞拉，福贾，2011年至今

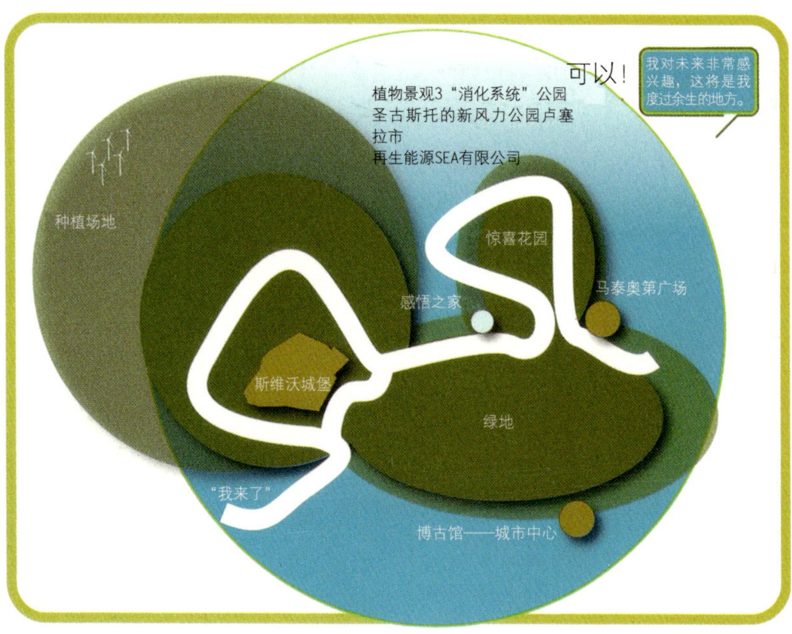


风力发电场由13台风力发电机组成，这些发电机与自然环境完美融合，生产清洁的可再生电能。这个项目是罗塔又一次选择绿色项目，结合卢塞拉地区的能源供应研究，对这片区域进行地域、自然、文化和社会资源进行活化设计。位于海拔250米的高度，得益于优越的气候条件，这个地区特别适合利用气流来发电。工厂的发电量相当于意大利25000个家庭平均用量。这是这一地区的一个重大突破，在电场项目中与之相匹配的是需要采取特殊的干预措施，将这里的居民引入到现代活力城市生活中。

罗塔重新发现并同时研究了历史中心的新成果。

从入口开始，这座城市立即以崭新的形象出现，并融合了悠久的历史、最尖端的服务和基础设施。“新的道路从斯维沃城堡的小树林开始……在充满活力的绿色中到达市中心。一条步行或者乘坐小型电动车都可以通过的小路，其魅力就在于此。魔法源于城市的‘资本’的

存在，城堡代表着真正的‘宝藏’。”（伊塔洛·罗塔，卢塞拉项目报告，2011年4月7日）。毗邻城堡的住宅区变成了城市花园，给这里的居民提供花盆和植物，他们可以随心所欲地装饰家、阳台和私人庭院。城市的第二个“资本”是考古学：新项目将在考古博物馆展出。它是思想和人的催化剂，将成为未来受欢迎之地，就像是一家即使晚上也仍在营业的餐厅，也将成为人们认知人类在当地和全球节能循环中的积极作用的地方。甚至，这个地区的传统和当地节日也将成为这一振兴进程的主角。

马泰奥广场的铺装经过重新设计布置，遵循相关的主要活动的筹备工作的周边进行装饰。

# 访谈录

# 无需建设的建筑

**基娅拉·萨维诺(Chiara Savino):** 如今，建筑师可以考虑功能、经济、社会、创造性的人类解决方案的需求，而无需担心或考虑空间和表面，因此无需建设?

**伊塔洛·罗塔(Italo Rota):** 从再利用的角度来看它不再是一个问题，今天的建造是一项巨大的努力。一个典型的例子是公共空间。如今，人们不再使用它，而是越来越多地通过我们口袋或家中的那些工具或者设备，达到聚集在一起分享事物的目的，从而重新创建了社区本身而定义空间。因此，公共空间的建筑或城市规划是另一项活动的衍生。

请记住，芝加哥市的伟大中央广场，最终由安尼施·卡普尔(Anish Kapoor)的工作改变了，当然也没有被街道家具改变。另一个例子可能是建筑师减少了对纽约铁路再利用的参与。人们做出了一个决定，他们不恰当地使用，他们仍然像货运火车来回穿越那些铁轨那样来回走动。

其余的工作由一些建筑师和优秀的植物学家完成。公共空间是人们创造的。想想东京和北京某些没有人设计的熙熙攘攘的街区，但它们确实很有活力。事实上，他们正在得到解决，因为人们开始了解火车什么时候真正对他们有用，已计划并且这使这些地方更具功能性。

但是建筑对此没有帮助。其他类型的解决方案要少得多，因此在未来几年中，这个问题可能会再次加剧，然后我们将开始拥有一些非常新的对象，这些对象将在形而上学的世界中与我们说话，而不是通过这些东西而是通过它们自己，将开始成为真正有趣的公共和集体空间。

如今，集合空间会马上遭到攻击而导致一种羞辱。

部分是因为每次设计师面对这些地方时，他们都会引入象征性层面，即使没有意识到这些符号在没有建造的情况下不会被许多而是由少数建筑共享。另一方面，由于脆弱的自然不仅被人类所统治，还有人类朋友，那就是宠物。我们正在创造一种新的植物空间的美学、新植物，非常野性的景观，但是它们可以抵抗。于是，夜晚就有了一个角色，光线再次失去亮度。直到白昼重现，夜光使城市之间的相似度超过白天。想象一下夜间照明的立面，它们终将是死去的建筑物、办公室和银行，这些元素比其他事物更能构成城市。

新奇之处在于许多来自其他行业的人，他们也许会找到解决方案。例如电影导演知道如何组织人们和他们的问题，但同时也可以如何讲故事并使之可用。

今天，我认为，许多成为20世纪的辉煌的建筑已经褪色，除了个别有才华的建筑师外已不再有故事可讲，也不足以应付某些情况。但珠宝设计师将永远存在，并且将成为不再是一般建筑的范畴。

**基娅拉·萨维诺：** 让我们谈谈今天的建筑是什么，以及与不同艺术、电影、时尚、戏剧、艺术、音乐和设计的关系。

**伊塔洛·罗塔：** 建筑正在经历20世纪的末期，一些伟人展现了太多的过于奇奇怪怪的表达，而没有认识到别人已经用更创新的方法表达过了，正如博纳尔在20世纪20年代所指出的，或者如果他是正确的，仍然继续经历着立体主义、未来主义、达达主义。

问题在于，媒体只讨论正在经历的事情，而世界正在走向其他地方。当今的建筑只与地球上的几亿人口打交道，而其他则选择真实的城市、真实生活、真实房屋的室内，它们不再产生于那个世界，因为真实世界也是理想的世界。

并不是说另一个世界已经完成，而是遵循了与喜剧不同的戏剧分类，在喜剧中一切似乎都进行得很好，就像《白色电话》（20世纪30年代意大利模仿美国喜剧制作的电影，译者注）一样，但当今的人们有其他兴趣。看看电影院的状况。如今，能让人们大笑的喜剧具有举足轻重的地位，因为它们表达的是受限制的问题。

悲剧本身并不会带来坏的结局，它是走向成年必要的过程，其中包含某人去世的可能，这是一种想法，而不是一个人或者一盆花。

**基娅拉·萨维诺：** 因此，电影是最能反映我们现在的艺术，而不仅是能反映的艺术。

**伊塔洛·罗塔：** 电影院现在为人们提供时间旅行。它还可以帮助我们了解我们是谁、住在哪里、做了什么。这对于思考我们将来在哪里生活、我们将做什么非常有用。现在，每个人都会有一种我们将会活很长时间的想法。但是他的第一个衍生的问题（这可以在任何地方进行验证）是，当一个人问另一个人"你会做什么"时，另一个人通常会回答："我要去这里生活"。他总是从余生发生的地方开始，而不是从他将要做的事情开始。90%的人以地点来回应，因为进程的新理念是计划的地点和地点内部是有密切关系的。那里有工作，有我们与自然的关系。这正在深刻改变着建筑。

另一个主题是，确切地说，不需要建造来回答正在产生的问题，而需要设计和新事物回答。

当然"力比多"会转移。成为建筑师的乐趣是什么？首先在学校里很难解释这个概念，注册的年轻人以为是在地上挖个洞。他们需要打基础，有个三四年英雄主义的爆发期去解决结构性问题，发现细部的乐趣……想着如何去表达和解释，而不是找到非常不同的"力比多"，这是由人的聚集造成的；找到有仪式感的空间，人们可以生活但也可以构想新的就业机会。所有这些方面都还存在一些困难。但这在设计中已经很明显。我们目睹了

迟早要发生的事件。意大利的设计正成为博物馆里的故事。直到十年前，没人能做博物馆设计，因为我们本来要展出的东西都是出售的。而且有大量的公众购买它、在它里面住下来，甚至不知道是吉奥・庞蒂还是扎努索设计的。今天这种状况已经结束。今天，我们购买了扎努索设计的作品，我们更喜欢古着的物品，而不是收藏的终结。

可以开始建造意大利产品的博物馆，从某种意义上说，这些作品正在成为经典作品，甚至可能已经停产。

这些变化是积极的，因为年轻的设计师摆脱了困境。从某种意义上说，今天我想到了许多设计师，甚至是那些不再很年轻的设计师，他们更喜欢与制作不是只贴标签的公司合作，然后一起尝试出售它们。因此，不是独特的自产产品，而是具有新市场，可能是在线需求，生产和销售类型将创建新的椅子、新的桌子，而经典的房屋将无法容纳它们。当然，奢侈品牌已经取得成功。他们遇到了同样的问题，并且专注于他们的配件而设法使之变得永恒。我不知道是否可以将其应用于设计中。路易威登对艺术家、甚至最困难的艺术家……当他们选择草间弥生为见证代表时，我印象十分深刻。在这种情况下，一切都恢复了，但是在设计中，该过程还无法发挥作用。

我认为，即使在建筑设计中，这种现象也很快就会出现。也因为今天建造的许多建筑都是披着体量外壳的赚钱形式。这可以在世界上所有城市中看到，即使是最贫穷的城市，也有一些空的建筑物，这些建筑物并非未售出，而只是以另一种形式变现。这有点像画家画苏伊士运河和巴拿马运河的纽带，那是非常令人愉悦的金钱形式。

**基娅拉・萨维诺：** 让我们谈谈建筑与图像之间的关系。媒体过滤过的建筑图像。 这种动态性如何影响我们今天感知建筑的方式？

**伊塔洛・罗塔：** 从专业杂志到周刊，再到报纸。我认为，在20世纪80年代

和90年代，当城市通过地标建立自己的形象时，杂志上的图像起着根本性的作用，即今天所说的“毕尔巴鄂效应”，这引发了大量建筑评论的写作也鼓动了数百万人去参观。所有的这一切都是虚妄的世界。我们已经看了北京体育馆（鸟巢）六天了，但现在它不再让我们感兴趣。这完全是电视影像。当他们中的一个人看到时，其钢铁般的气质无疑给人留下了深刻的印象，然而，这并没有像电视上那种效应。这些是新的动力。与某些建筑师的影响相比，有些建筑师现在仅在一些所谓的民主国家重复自己，这就是乏味。

今天，我们当然可以在其中一些国家设计，有人可能认为他带到那里的无论如何在其他民主的现实中都是这样做的，这可能会产生积极的影响。不幸的是，这些建筑物通常都是公共的。我认为，今天，每个人都可以谈论他的生活，和正在经历的事情，他的个人道德观，但不能辩证地讨论。而此时此刻每个人都有空间。我认为唯一减少的空间是当前空闲着且也不应占用的空间。这似乎是未来几年建筑的第一个真正的前沿。

**基娅拉·萨维诺：**从某种意义上说，建筑将不再需要占据新的空间？

**伊塔洛·罗塔：**我很遗憾地说，建成的世界不仅仅是对于这个星球的大量需求而已。因此，我们确实可以创造性地致力于使用它。这并不意味着要在火车站做博物馆，但是今天确实不一样了。这是关于使事情以我们无法想象的方式运行。

**基娅拉·萨维诺：**科学技术将如何为这个新的建筑项目做出贡献？建筑师是现代的莱昂纳多·达·芬奇。他从经验开始，从观察当前开始，创造新的解决方案。这是典型的意大利人。

**伊塔洛·罗塔：**达·芬奇是典型的意大利人。意大利人总是不满足。在想做科学家的时候想当画家，而画家想当科学家。类似于今天的意大利人，成为一种混合人物，允许他发明设计。然后是想法的层面，但是在技术问

世之前，您不能发明那个东西。就像达·芬奇的许多图纸一样。它们设计得都很好很对，但是技术却缺失了。今天，我认为科学已经缩小了物理世界的范围，因为它使我们知道了这个情况。而且，我们知道得越多，我们要求科学让我们知道得就越多。而且只有科学能做到。

重大新闻是，当今的科学向我们展示了我们生活在一个我们参与其中的宏观组织中。我们也可以合并一些灾难，但是宏观组织与我们的逻辑有很大不同，这也许可以拯救我们，那就是要了解生命不会随着我们而停止，而我们身边的其他生物可以走不同的道路。

我们是一群必须签署新合同的生物，这将引导我们通向科学，只要给我们提供越来越多的信息。另一方面，时间会改变我们的生活。理论物理学和披露的信息正在告诉我们，时间是从宇宙存在需要时开始。

从那时起，时间变得宝贵。我们开始谈时间、谈空间、说运动、聊能量。许多人意识到所谓的奢侈是我们有一天能真正拥有：更多的时间、更多的空间、更多的活动。因此，传统的消费数量可能会下降得如此厉害，以至于改变当下。例如在当今，如果没有空间，当代艺术甚至无法收藏。如果我开始在房屋中饲养一些与众不同的动物，那么我需要为它们提供空间并与它们建立联系。如果我想拥有一个花园，无论是盆景还是垂直花园，则需要空间。这将在短期内带来变化，甚至带来消费。人们还可能住在某些需要进行重大改建的建筑物中。安装设备的新技术将变得越来越容易，而无需挖穿中世纪的城墙。未来已经进入我们的生活，但我们使用得依然很少。

# 参考文献


I. Rota, *I pettini delle nubi*, in "Casabella", 457-458,aprile-maggio 1980.

B. Fortier, I. Rota, *Le musée d'Orsay*, in "Urbanisme", 199,dicembre 1983.

M. De Giorgi, *Appartamento a Parigi*, in "Domus", 702,febbraio 1989.

V. Savi, *Industria e qualità in Italo Rota*, in "Casabella",556, aprile 1989.

I. Rota, *Manière de montrer l'urbanisme. La Métropole Imaginaire. Un Atlas de Paris*, Carte Segrete, Parigi 1990.

I. Rota, B. Fortier, *Dobbiamo amare le città?*, in "Casabella",590, maggio 1992.

M. Lupano, *Paris, Nantes*, in "Lotus international", 83,novembre 1994.

I. Rota, *Ma gli architetti dormono tutti*, in "Domus", 764,ottobre 1994.

I. Rota, *Amate città. Un secolo di architettura metropolitana*,catalogo della mostra, Electa, Milano 1995.

G. Bosoni, *La Casa Italiana a New York*, in "Domus", 788,dicembre 1996.

I. Rota, *Quattro anni al 2000, in Triennale di Milano XIX Esposizione internazionale, Identità e differenze.Il Padiglione Italia*, catalogo della mostra, Electa,Milano 1996.

M. Lupano (a cura di), *Italo Rota, Il teatro dell'architettura*,Federico Motta Editore, Milano 1997.

F. Irace, I. Rota (a cura di), *Good N.E.W.S. Temi e percorsi dell'architettura*, Electa, Milano 2006.

S. Annicchiarico, A. Branzi (a cura di), *Che Cosa è il Design Italiano? Le Sette Ossessioni del Design Italiano*, Electa,Milano 2008.

L. Molinari, V. Alebbi (a cura di), *Italo Rota. Projects, works,visions 1997-2007*, Skira, Milano 2008.

L. Molinari, *Maciachini. Un inedito laboratorio urbano per Milano*, Skira/Europa Risorse, Ginevra/Milano 2008.

G. Bojardi, *Editoriale* e M. Vercelloni, *Italo Rota. When attitude becomes form*, in "Interni", 12, dicembre 2009,pp. 1-41.

R. Poletti, *Italo Rota. Installation exhibit. Creating worlds through objects*, Electa, Milano 2009.

著作权合同登记图字：01-2021-1593号
图书在版编目（CIP）数据
伊塔洛·罗塔 /（意）基娅拉·萨维诺编著；杜军梅译. —北京：中国建筑工业出版社，2021.8
（经典与新锐.建筑大师专著系列）
书名原文：Italo Rota
ISBN 978-7-112-26322-6

Ⅰ.①伊… Ⅱ.①基… ②杜… Ⅲ.①伊塔洛·罗塔—生平事迹 Ⅳ.①K835.466.16

中国版本图书馆CIP数据核字（2021）第135115号

Original title: **Italo Rota**


责任编辑：姚丹宁　戚琳琳
书籍设计：张悟静　何　芳
营销策划：黎有为
责任校对：张惠雯

经典与新锐——建筑大师专著系列
**伊塔洛·罗塔**
ITALO ROTA
【意】基娅拉·萨维诺　编著
杜军梅　译
王　兵　校
*
中国建筑工业出版社出版、发行（北京海淀三里河路9号）
各地新华书店、建筑书店经销
北京锋尚制版有限公司制版
北京富诚彩色印刷有限公司印刷
*
开本：889毫米×1420毫米　1/32　印张：3¾　字数：170千字
2021年11月第一版　2021年11月第一次印刷
定价：78.00元
ISBN 978-7-112-26322-6
（27575）